ぬりものとゴハン

赤木智子

講談社

目次

平成元年。

赤木明登・智子夫妻は一歳の百《もも》ちゃんと家族三人、
東京から石川県輪島に移り住みました。
能登半島のちょうど真ん中あたり、
山奥の集落の五年も空き家だった古い農家を借りて。
明登さんは漆職人のもとに弟子入り、修業を始めました。

はじまりはじまり

今から十九年前のある晩のコト。いつものようにお酒をたくさん飲んだウチのダンナ様が、帰ってくるなりさけんだ。

「ボクは仕事を辞《や》めて職人になるぞう」パオーン。と仁王立《におうだ》ち。

私はすかさず、「ほうほう。そうですか。そうですか」と相づちを打った。小さなアパートの部屋で、すぐそばのゆりかごベッドでは生まれたての百《もも》がすやすや寝ていた。

それから約一年半後。なんと私たち三人家族は東京を離れ、能登半島のお山の中で農家を借りて暮らし始めていました。はじまりはじまり。

そもそも、私は新宿にあるギャラリーに勤めているおねえさんだった。現代陶芸の若い作家の個展を毎月のように企画していて、頭の中はそのことでいっぱい。なんだか命がけでやってるような、無我夢中で、うれしくてたのしい仕事だった。ダンナのほうは婦人雑誌のバリバリのぴかぴかの編集者。これまた毎日が駆《か》け足で、大騒ぎ。それでも理想に燃える生意気な若き編集者だったと思う。もしサラリーマンがいやになっちゃったとしても何か文章を書く仕事をやっていく人なのだろうと思っていた。

「職人」という言葉は私の中では崇高《すうこう》な響きがあって、ストイックで、やたらカッコイイものだった。仕事柄《がら》、自分でものをつくる人たちに囲まれていたし、その人たちの暮らしも垣間《かいま》見ていた。でも私のまわりにいるのは、たとえば陶芸家とか彫刻家とかガラス作家とか。「職人」というのは、作家のそのまた向こうにいる人たちのような気がしていた。だからダンナが「職人になりたい」とさけんでも、それは驚くべきコトではなかった。だって、それは私にとっても「なれるものならなりたい」と思うような、「あこがれて当然さ」という感じの、魅力満載の職業だったから。

そして心の中では「そんなミーハーな若造《わかぞう》が、簡単になれるわけないでしょーが」と思ってた。でもきっとそんなことをダンナが言い出したコトが、少しうれしかったんだと思う。

朝粥講

初めて輪島に来た時は、まだ編集者とギャラリーのおねえさんのコンビだった。とりあえず東京のいろいろな知り合いに紹介してもらって、輪島の作家やお店を訪ねた。「まあ仕事柄《がら》、漆《うるし》に興味がありそうな若い夫婦が輪島に遊びにやってきたぞ」そんなふうにみんな私たちのことを見ていたと思う。でもウチのダンナの心の中ではその時すでに「脱サラ職人輪島移住計画」がちゃくちゃくと進められていたのだ。きっと。

私のほうはいたってのんき。百《もも》を寝かせたカゴを両側からふたりで持ち、ぶらぶらさせて朝市を見て回ったり。おいしいものを食べてぴゃーぴゃーよろこんでいた。ただ、その時初めて訪ねた人たちが、訳のわからない私たちに本当に親切にたくさんのことを教えてくださったのをよく憶えている。

そうそう。ひょんなコトから、「朝粥講《あさがゆこう》」というものに参加させてもらった。輪島の重蔵《じゅうぞう》神社の氏子《うじこ》さんたちの集まりである。朝早くからその日の当番さんがお粥《かゆ》さんを炊いて、三十人くらいのおじさんたちがそれを食べながら、話を聞いたり、なにやら報告しあったりする。普段はよその人は混ぜてもらえないのに。

「もしよかったら、ぜひどうぞ」

朝六時。気がついた時には、私たちは知らないおじさんたちに混ざって、朝粥をいただいていた。「私なんかがここにいていいのかしら」とお尻をもぞもぞさせていると、「えー。今朝は『家庭画報』の編集者の赤木さんが東京からいらっしゃってます。えー。ひと言お願いします」なんて紹介されちゃってる。あーあ。知ーらないっと。私は思わずうつむいてしまった。

すると。おやおや。落ち着いてよく見ると、目の前に塗り物のお膳《ぜん》。その上にも朱塗りのお椀《わん》や小皿が当たり前のようにみんなの前に並んでいた。あたたかい朝粥が盛られている。こんなにたくさんの塗り物が、フツウに使われているのを見るのは初めてだった。そうか。ここではこうして、輪島塗《わじまぬり》のお椀で、いつも変わらずに、なんでもないけれど本当においしいお粥をみんなで食べることをずっと続けてきたのだ。ずらっと並ん

だお膳と、ずらっと並んだおじさんたちを見ていて、「なんだかスゴイ」と思ってしまった。

私にはこの朝粥講が、「堅苦しい習わし」ではなく、「田舎《いなか》っぽい行事」でもなく、ずいぶんと新鮮なこととして映っていた。そして、このおじさんたちの中にたしか、漆芸《しつげい》家の角偉《かどい》三郎《さぶろう》さんも建築家の高木《たかぎ》信治《しんじ》さんも混ざっていて、私たちにいろいろ話をしてくださった。

こんなふうに私たちはすでに初めての輪島で、とても大切な人たちに出会っていることになる。でも実はそんなことにはまだ気がついていなかった。なにしろ私は行きの車の中までは、輪島が石川県にあることも、能登半島がこんなに大きいことも、まるで知らなかったのだ。そう。私たちは漆がどんな液体なのか、輪島塗とは何なのかも、全然知らなかったのだ。それでもとにかく輪島だった。「職人になりたい」という漠然とした想いから、少しずつ具体的に考えて選んだ道は「漆職人への道」だったのだ。この楽天的な夫婦は、「漆の職人になる」とダンナが決めた時から、ほかの産地などかえりみず、どこからやってくるのかわからない自信にあふれた判断で、とにかく輪島だった。

そして、初めての輪島から東京に戻ってからは、ダンナはさらに確信に満ちた声で、毎日「職人になるぞう」と言い続けていた。

かえりみち。輪島を出発して能登半島の真ん中を車で走っていた。すすきが一面に穂をなびかせて、金色に輝いていた。山は紅葉でうっとりするほど美しかった。茅葺《かやぶ》きの家がちらはらあるのんびりとした集落が見えた。「日本ってきれいなんだなあ」と、なんとなく思った。

赤木家のお昼ごはんはなんせ大人数ですから。パスタ1キロも軽い軽い。

お着替え

なにはともあれ。住むところを決めなくてはいけません。そうしないと私たちの「輪島移住計画」がいっこうに進みませんから。はい。それはわかっているのだけれど、なにしろ輪島には親戚《しんせき》も友達もいないので、どうしたことやら。

それでもとにかくまたまた輪島に行こうと思ったのは、つぎの年の夏の暑い頃だった。ところが東京でよーく考えてみると、輪島ではないにしろ、能登に実家のあるお友達がいることを思い出した。思い出したとたんにお願いしてしまった。

「住むところを探す間、お父さんのところに泊まらせてもらえないでしょうか」

あー。なんて図々《ずうずう》しい私たち。今考えても恥ずかしい。でもその時は必死だった。ただ、そのお友達の実家はお寺さんだった。それを聞いていたので、何か教えてもらえるんじゃないかと。「やっぱり私たちは能登に縁があるんだなあ」なんて、どこまでも楽観的な私たち。このお友達が私たちの考え方や生き方を応援してくれなかったら、今の能登での暮らしはなかったといってもいい。ほんとに。

「実家に頼んでみてあげる」そう言ってくれた。うれしかった。

真覚寺《しんかくじ》。それがお世話になったお寺の名前。輪島の隣町にある海辺の集落。海沿いの道から細い坂を上っていく。海を見下ろすようにお寺は建っていた。玄関の戸を開けると広い土間《どま》があり、右側にお勝手が続いている。今では改築されてなくなってしまった、その土間の台所が私にとって鮮烈だった。ドッシリとした流しに片側から陽の光がさしていて美しかった。ガス台はどんなだっただろう。タイルが貼ってあるところがあっただろうか。もっとそこでお手伝いをさせてもらえばよかったと後悔してしまう。それでも、大きな魚をさばいている奥様の姿や、サンダルで歩いた土間の感触や、大きな流しでお皿を洗ったことが今でもよみがえる。古くてカッコイイ写真を見ているみたいに。

お友達の父上であるご院主《いんじゅ》様は、とても楽しい方で、私たちのことをおもしろがってくださった。なにしろどこのウマノホネともわからん、大迷惑な私たちの面倒を見てくださったのだから。母上である奥様は、はっきりとした、でもどこか上品で、お嬢様がそのままおばさんになったような感じの方だった。あとから少しずつわかってきたのだけれど、このあたりのヒトビトの暮らしは、お寺や宗教との結びつきが強いのである。ご住職のことは「ご院主様」、奥さんのことは「奥様」と呼ぶこともあとからみんな教えていただいた。

「まあ。こんな小さい子を連れて、こんな田舎《いなか》に移り住むなんて。まあ。何を考えているんでしょう」

「輪島の職人さんのところに弟子《でし》入りするつもりなんですが、町のアパートには住みたくないんです。どこか空《あ》き家《や》とかないですかねえ」

私たちの話を聞いて困っているおふたり。そばではつかまり立ちの百《もも》が、ご院主様の歌う「ショジョ寺のたぬき囃子《ばやし》」にあわせてきゃっきゃっと踊っている。

それでもつぎの日。スゴイ展開になった。奥様が親戚のお寺があるからと、連れて行ってくださったところが、なんと今私たちが住んでいる「内屋《うちや》」だったのだ。

その朝。奥様が私を見て、おっしゃった。

「智子さん。そのかっこうじゃ、絶対だめよ。田舎の村では、よその人がやってきたらみんな見てないふりをしてよーく見てるんだから。そんなかっこうじゃ誰も家なんて貸してくれないわ。だめよ」

私はじっと自分の姿を足の先から見直してみる。黒いソックス。コム・デ・ギャルソンの紺のジャンパースカート。白いシャツ。「かわいいかっこうしてるじゃん。これじゃだめなのかしらん。ちょっとゾロゾロしてるけど」私が考えていると、

「智子さん。着替えなさい。私の服探してあげるから。待ってなさいね」

すごい勢い。でもなんだか楽しくなってきてしまった。ワクワク待ってると、

「これがいいわ。私が二十歳の時に着ていたのよ。これに着替えなさい」

わーい。奥様が出してきてくださったのは、たぶん三十年くらい前の、アイボリー色のミニスカートのぴったりとしたワンピース。すてき。

「え。これお借りしてもいいんですか」

私はうれしくておかしくて笑い転げそうになってた。こんなワンピースはここ何年も着たことがない。いつも黒っぽくてボロボロしてたり、ゾロッとしてたり、いろいろ重ねたり。そんなデザイナーの服や古着が好きだった。だから、この奥様の提案が本当に

楽しいと思った。おもしろい遊びが始まったみたいに。

さあ。お着替えお着替え。私は早速ルンルンと着替え始めた。ついでに肌色のストッキングも貸してもらった。

こうして支度《したく》が整った。奥様たちがおっしゃるには、これから向かうのは輪島の町から十五キロほど離れた三井町《みいまち》というところ。奥能登のちょうど真ん中あたりの山の中。「内屋」という集落に大きなお寺があるという。とにかく車で出かけていった。

正円寺《しょうえんじ》。これが今もすっかりお世話になっている内屋のお寺の名前。今度はここのご院主様と奥様に話を聞いてもらった。正円寺の奥様は大きな声で笑ってくださった。

「あんたたちは東京からこんな田舎に来なさるなんて、かわった人たちやねえ。ほんとに。あけははは」

「はあ。この辺に貸してもらえるような空き家があるんでしょうか」

「まあ、何軒か空いてる家はあるから、回ってみればいいだろう」とご院主様はおっしゃって、今から案内してくださるという。

その日のうちに六、七軒の空き家を見せてもらった。実は私たちが「輪島で暮らしたい」と話をすると、ほとんどの人に「輪島の町でアパートを借りるのがいいだろう」と言われてしまった。でも東京から来た私たちにとっては、とんでもないことだった。せっかく奥能登までやってきて、アパート暮らしはないでしょう。不便でも美しいところ、田舎らしい、できれば一軒家を借りて暮らしたいと思っていた。なんだかその願いがかなえられそうになってきた。よーし。

ご院主様の案内で近くの集落を回っていると、古くても立派で美しい家が多いのに気づく。

「あ。ねえねえ。あのかわいい小屋がいいんじゃない。そんなに大きな立派な家でなくてもいいもの。ねえ」

そう言って私が指さす小屋はどれも納屋《なや》だった。ほとんどの家に納屋と蔵《くら》がセットになって付いていた。

結局私たちが選んだのは、いちばんはじめに教えてもらった、お寺から二軒先の家だった。内屋のいちばん奥の家だから、向こう隣がなかったし、陽当たりも良さそう。ご院主様の話だと、大家さんのおじいさんが亡くなってから、五年くらいは誰も住んでいないらしい。おじいさんの息子さんが金沢に住んでいるので、話をしてもらうことになった。

トントン拍子《びょうし》とはいかないまでも、どうにかこうにか私たちの「輪島移住計画」が進んでいった。空き家を借りることが決まって、お礼に伺《うかが》うと、正円寺の奥様が私におっしゃった。心配そうに。

「おやおや。本当に引っ越してくるのかねえ。ここで暮らすには、女の人が耐えないといけないよ。雪もびっくりするくらい積もるんやから」

その時、奥様の目には、私があのワンピースのように清楚でかよわくておとなしい女の子に映っていたのだろう。

ロバと暮らす

東京で生まれて、団地で育った。おねえちゃんが手乗り文鳥を飼《か》っていたけれど、私はせいぜい金魚か虫。その反動だろうか。大きな動物が好きだった。学生の頃はよく大学に行かずに上野動物園のカバの前にいた。友達に「宝くじが当たったらどうする」と聞かれると、「小さな家を建てて、広い庭に大きなプールのようなものを作って、そこでカバを飼う。っていうのはどうよ」なんてマジで言っていた。その頃からかな。「ロバに乗って買い物に行くような暮らし」というへんてこなイメージが心の中にあった。インドを旅してからは、ますますそんなことを考えていたような気がする。

ただ、「田舎《いなか》暮らしがしたい」と思ったことはなかった。能登に引っ越す時も、そんなふうには思わなかった。まわりから見ると、「都会の生活に疲れて、田舎暮らしにあこがれてやってきた人たち」のようだけど。私たちが東京を離れて、能登にやってきたのは、もちろんダンナが「漆《うるし》の職人になる」という目的のため。それからなによりも、ここでフツウの暮らしがしたかった。家族一緒にごはんを食べる。洗濯や掃除や家のことを一緒にする。ゆっくり空を眺めたり、のんびり散歩をして、静かに話をしたり。お日様を浴びて、布団を干して、昼寝をするとか。

そんな「当たり前のフツウの暮らし」がしたいと思った。東京では、私たちは忙しすぎた。それでも欲張って、いろんなコトをしようとがんばってた。友達がしょっちゅうやってきて、ごはんを食べていた。狭い部屋に泊まりに来る人もたくさんいた。お料理本片手に毎晩手料理を作ったものの、ダンナはなかなか帰ってこなかった。洗濯物もたまりにたまって、さあ大変。ギャラリーのオープニングパーティーやらで遅くなると、酔っぱらって百《もも》を抱きしめていた。楽しくて、充実した生活だと自分たちは思っていた。おいしいものを食べて、新しいモノを見てると思っていた。

でも「暮らし」がなかった。

ダンナの弟子《でし》入り生活が始まると、いきなり一日の時間割が数時間はぐらっとずれてしまった。だいたい職人さんの仕事は、八時に始まる。朝は相変わらず何時にしろあわただしいのだが、恐ろしいのは帰りである。夕方五時半にはきっちりダンナが家に帰ってくるのだ。そして、たいしたおかずじゃないけれど、家族でゆっくり一緒に晩ごはんを食べる。すると私は、なんだかついついニコニコしてしまうのだ。こんな当たり前のコトが、こんなにうれしいことだとはちっとも知らなかった。


拾ってきた窓をパッチワークのようにつけてもらった台所。床はところどころギシギシ沈んだりする。冬には雪が降り込んじゃう。そんな台所でせっせとごはんを作った。お金がなかったので、家族三人が三食《さんしょく》たべて暮らすことに一生懸命だった。私にはそれが、ちょっとゲームみたいで楽しかったのだ。いただいた野菜、採《と》ってきた山菜、少しだけお買い物をして。そうして一週間ぐらいの献立を考える。まわりのおばあちゃんたちが、自分のとこでは食べきれないほどの野菜を上手に作っている。

「赤木さん。あんたよかったら、これ食べんけ。形は悪いけどなんともないんやから」

「わーい。食べる食べる。こんなにたくさんいいんですか」

春は菜っぱ。夏はキュウリ。冬は大根。その時に集中する野菜をいかにいろいろ使って食べるかが勝負だった。ここで暮らすおばあちゃんたちはすばらしかった。もちろん自動車免許は持っていないので、どこまででも歩く。この内屋《うちや》は、バスが通る県道から、二キロ以上田んぼ道を行った奥にある、二十四軒ほどの集落なのである。でも、バス停まで歩くなんてのはオチャノコサイサイ。一応食料品を満載にした車が毎日やってくるので、みんなそれも楽しみにしているみたい。でも、やっぱり自分で作った米と野菜を上手に食べている。自分で作れるモノは自分で作る、自分でできることは自分のからだを使う。こう言ってみるとあまりに当たり前のコトのよう。でも。もしかして、私が象徴的に考えていた「ロバと暮らす」ということを、ここのおばあちゃんたちは具体的にずーっとやってるのでは。うーむ。

「私もここにずっと暮らしていたら、おばあちゃんたちのようになれるんだ。きっと」

そりゃあすごい。そう思いついただけで、まだ何もしていないのに、目がキラキラになってしまった。そしてすっかり調子に乗って、ロバはちょっと無理だけど、犬と猫と山羊《やぎ》を飼ってしまった。

五年ほど空《あ》き家《や》だった家はいろいろ大変で、あちこち直したり、掃除をしたりした。弟子生活が始まってすぐのこと。昼間、使っていないお座敷を掃除しようとふすまを半分開けて、大声を上げて急いでふすまを閉めた。

「ひょえー。何かいる」

もう一度勇気を出してそーっとのぞいてみた。ひょえー。やっぱり。

「でっかいコウモリがぶら下がってるー」

真っ黒いからだが、しっかりと座敷の天井につかまってぶら下がってる。びっくりして笑い転げながら泣いていた。どうしよう。ここに棲《す》みついていたんだろうか。私では太刀打《たちう》ちできそうもないし。とにかく五時半になるまで、箒《ほうき》片手にウロウロしていた。お約束どおりの時間にダンナが帰ってきて、泣きべそ状態でお願いすると、箒で外に追い立ててくれた。ばっさばっさと大きな音とともにコウモリさんは飛んでいった。動物園で見てる分にはなんともなかったのに。でも、後から考えてみてもやっぱり、「コウモリと暮らす」のはちょっと無理です。

毎日使うもの、ときどき使うもの、たまーに使うもの。好きな道具だけが並ぶ台所。

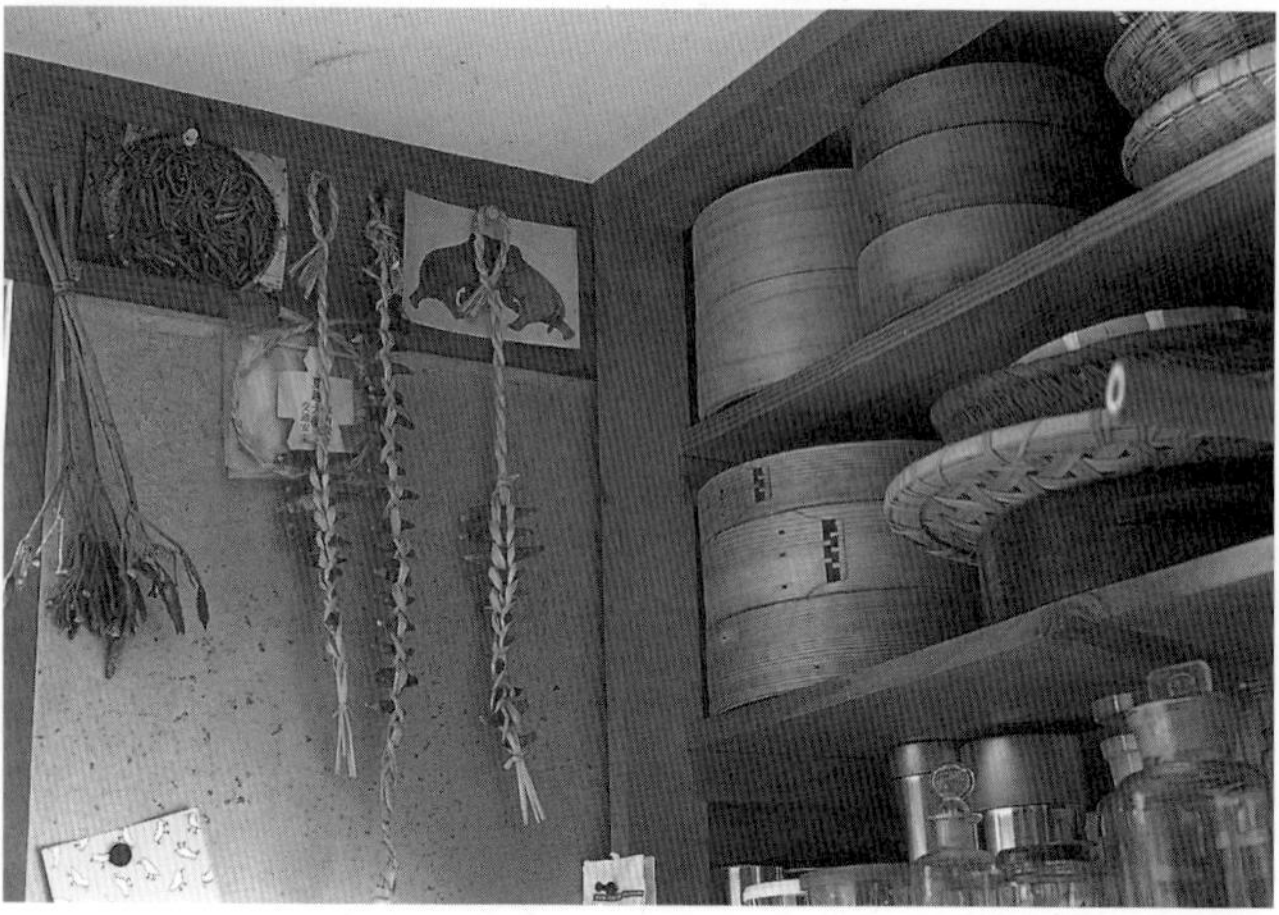

はじめてのごはん

夫婦そろって左ぎっちょ。右手も使えるけれど、使用方法は限られる。ダンナはまだしも、私はちっとも器用《きよう》じゃない。包丁もはさみも左手でしか使えない。そのうえ、お恥ずかしい話だけど、結婚するまでは、家のことを手伝ったこともなく、りんごの皮をむくぐらいしかできなかった。台所中粉だらけにして、クッキーやケーキを作ったことはあったけど。今の私がこんなに台所仕事をぶんぶんやっていることをいちばん驚きの目で見ているのは、きっと実家の母だと思う。それくらいなんにもできなかった。

でも、それがヨカッタ。ダンナと暮らすようになって、ままごとのようなお料理ごっこを始めたけれど、ご飯の炊き方もみそ汁の作り方も知らなかったので、自分でもびっくりしたくらい。しつこいようだけど、ほんとにそれが不幸中の幸い。とにかく毎日いろんなコトを覚えて、いろんなごはんを作ってみた。台所が遊び場のようだった。野菜の皮をむくこと、いろんな形に切ること、それを並べてみたり。工作の時間のようで、すごく楽しかった。すべてが新鮮だったのだ。失敗もしたけれど、思った以上にできると、ウレシクテしょうがない。ダンナのほうが一人暮らしが長かったので、なんでも教えてくれた。それに今どきの子育てじゃないけど、やたらにほめる。なんにもできなかった私が「カレイの煮つけ」やら、「ぶり大根」やら、「麻婆豆腐《マーボーどうふ》」を見よう見まねで作るのだから、ダンナにとっては驚きなのかもしれないけれど。ちょっとわざとらしいくらいほめてくれる。単純な私はすっかり木のてっぺんに登ったように有頂天《うちょうてん》。ますます工作の時間が増えてしまった。

今でもはっきり憶えていること。結婚したての頃。初めてふたりでごはんを食べましょうと、私は必死にご飯を（炊飯器が）炊いて、出汁《だし》をとってみそ汁を作った。おかずはなんだったか憶えていない。とにかくウレシクテ仕方がない一年生のように、テンションがあがっちゃってる私。ダンナを座らせておいて、

「おみそ汁もってくねー」と台所に戻った。ニコニコしながらお盆にお椀《わん》を二つのせて部屋に入ったとたん、電話のコードに引っかかった私は、スゴイ悲鳴とともに初めての

みそ汁をダンナの頭からぶっかけてしまったのであった。あー。

あれから十九年。私はやっぱり不器用で、そそっかしいまま。それでも、今でもこうしてごはんを楽しく作っていられるのも、その時ダンナがみそ汁まみれの顔で笑ってくれたおかげ。今でもこうしていろいろ作ってみようと思うのも、ダンナのほめ上手のおかげだとたまーに思うのです。たまーにね。

お気に入りの道具①
盛岡「釜定工房」の南部鉄瓶。

ちいさな幸せ

結婚をしてから、初めてふたりで自分たちのためのお椀《わん》を買った。東日出夫《あずまひでお》さんのつくった大ぶりの黒いお椀。布着《ぬのき》せ（＊1）が見えていて、マットな漆《うるし》が塗ってある。前から欲しいと思ってた。六本木のお店で包んでもらってから、ウチに帰るまで、どうしてもうれしい顔になってしまう。

帰ってから早速ご飯を炊いた。骨董市《こっとういち》で安く買った赤いお膳《ぜん》を二つ並べて、お椀をのせて、ふたりで向き合って食べた。なんと表現したらいいのかわからなかったけど、ふたりとも幸せな顔になってしまった。

＊1　布着せ――お椀の縁や内側の底などの傷みやすい部分に、木地に糊漆で布を張り付けて補強しておくこと。

妊娠のススメ

ときどき、まだ結婚をしていない女の子や、まだ子供を産んでいない女の人と、出産について話すことがある。なにを隠そう、私は三人も子供を産んでいる。けれどもごらんのとおりからだは小さくて頼りなさげだし、ドーンとたくましい母のイメージとはほど遠い。だからこんな私が、「妊娠って気持ちいいよ。大好き」なんて言い出すと、ほとんどの人はきょとんとビックリした顔になる。

私の初めての妊娠は、いきなり「気持ち悪い」から始まった。子供は大好きだったので、もちろん赤ちゃんを産みたかったけど、こんなに早くできるわけないとたかをくってた。ギャラリーの仕事がおもしろくって仕方がなかったのだ。もう少し身軽に動き回りたかった。でも、気がついたら朝から気持ち悪い。ちょうどお正月で、初詣《はつもう》でに出かけていた。お賽銭《さいせん》を勢いよく投げて、なんと私はとんでもないことを祈っていた。

「どうか、赤ちゃんできてませんように。ただの車酔いでありますように」

あーあ。ひどい母親である。そのあと気合《きあい》を込めておみくじを引いた。大凶だった。げー。最悪。それでもめげずにもう一回根性でおみくじを引いた。大凶だった。そしてあまりの気持ち悪さにへたり込んでしまった。

でもそんなひどい初詣では忘れたかのように、病院へ行って「おめでたです」と言われた時、まわりの空気がバラ色に変わるのがわかった。もうオッパイをあげてるお母さんの優しい目になってしまった。ルンラランランラと踊りながら、病院から出てきたかもしれない。憶えてないけど。

「妊娠って気持ちいいから、ほんと、みんな持っている卵で、おなかで赤ちゃん作ったらいいよ」

こんなのんきなことを言ってるけれど、私の妊娠にもつわりが必ずついてきたから、気持ちいいばっかりではなかった。「食べたらすぐ吐く。一日三回」そんな歯磨きのコピーみたいな日々もちゃんと経験している。

ただ、自分のおなかの中に自分とは違う生き物がいる。しかも私が大きくしてる。そういうことがおもしろくて仕方がない。だんだん赤ん坊が育ってくると、私のからだも変わる。もっと大きくなると、おなかの中の小さな水槽《すいそう》で泳ぎ始める。私のからだの中で、私のために働いてくれている心臓とか胃袋とは違って、もうすでに私とは違う気持ちで泳いでいる。誰かに「話しかけたら聞こえるのよ」と教えてもらった。それからは私の中の赤ん坊が、ひとりでいる時の好《よ》い話し相手になった。

初めての妊娠中は、まだ東京で働いていた。若かったし、元気だったので、産む二日前まで働いていた。相当おなかも大きくなってきたある日。私はいつものように新宿の地下道を歩いて職場に向かっていた。当然まわりの人たちよりゆっくりしか歩けない。どんどんみんなに抜かされる。

「よっこらしょ、ドッコイショ」そんな音頭をとりながら進んでいると、急に自分のまわりだけ時間の流れが違うのに気づく。両側をスタスタと半分ロボットのように進む人たち。やたらにみんなの靴が目に飛び込んでくる。自分だけちょっと違う生き物になって、ゆっくり動きながら、今まで見えなかったモノが見えてくる。自分とおなかの中の赤ん坊だけが、ゆっくりとした時間の中に生きているような。野性に目覚めたかのように、からだも心も違っていくのに気がつく。

すました顔で、おしゃれな服を身につけていても、小難しい言葉を羅列《られつ》できても、便利な道具を使いこなしていても、そんなこととは関係なしに、おなかはみるみる大きくなって、オッパイまで出てくる。「りっぱな哺乳《ほにゅう》類なんだ」と自分で感激している。クマやおさるやパンダと一緒である。私も練習なしで上手に妊娠できる。学校で習わなくてもオッパイが自分のからだの中で作れる。

「なんて私って野性的なんだろ」とうっとりしてしまう。


子供を産んで育てる。ごはんを食べてうんちをする。

うれしい時は大声で笑う。悲しい時は涙を流す。

いとしいモノを抱きしめる。くたびれたらぐっすり眠る。

太古《たいこ》の昔からずっと繋《つな》がっている中に私がいる。太古の昔から変わらない、こんな自分がうれしいと思う。

手でできること

輪島に移り住んで古い家での生活が始まると、私たちは何かと忙しかった。家を私たちなりに気持ち良く暮らせるよう直したり、掃除をしたり。できるだけお金をかけないようにしたかったけど、薪《まき》ストーブだけはどうしても欲しかったから、東急ハンズで注文した。そのストーブと煙突を設置したり、居間の床を板張りにしたり、ポンプとボイラーをつけてお湯が出るようにしたり、そんな大変そうなことを全部ダンナがやってのけた。びっくりした。全然知らなかった。こんな一見《いっけん》ひ弱そうな元編集者が、誰に教わるでもなく自分で材料を揃えては、大工仕事はもちろん、どんどんいろんなものを作ったり、配管工事もしちゃうのだ。私は毎日手をたたいてよろこんだ。スゴイスゴイ。

でも私のほうは相変わらず。ギャラリーのおねえさんのままだった。なんにもできない。ダンナが親方のところへ通うようになると、二歳足らずの百《もも》とふたり家に残されて、さて何をしたものやら……。

もちろん。朝起きて食事の支度《したく》をして、後かたづけをする。百の相手をしながらお洗濯。窓を開けて掃除をして、天気が良ければ布団を干す。ひととおりの家のことをしたあと、さて何をするんだっけ……。

夢中でやっていたギャラリーの仕事を突然辞《や》めて、田舎《いなか》にやってきて、フツウの暮らしをしたいと思ってるけど、それはいったい何をすることなのかわからなくて、ぼーっとしている私。頭ではいろいろわかってるつもりだ。「まず畑だ、はたけ」「なんか保存食漬けちゃったりして」「ハーブでお茶を作るとか」……どこかの雑誌で見たようなイメージが頭の中に浮かんでくるけど、はあー。なんかため息が出ちゃう。そうしてしばらくは、誰かに見られてるわけでもないのに、コチコチに力が入ったまま、どうにか草むしりをしたり、畑のようなものを作ってみたり、野の草をテーブルに飾ったりしていた。

そんなある日。

「梅干しを漬けよう」とダンナが言い出した。どうやら親方のウチで作るから、一緒にやって教えてもらおうということらしい。

「なんだか大変そうだけど、できるかなあ」なんてのんきに考えていた私も、「梅を山に採《と》りに行くぞ」と聞いてびっくりした。でも少しワクワクしてきた。

梅干しが食べたければ、味はともかく、赤くてすっぱい梅干しが道の向こうのコンビニで手に入った。東京ではなんでもそう。あとは「無農薬」とか、「保存料はなし」とか、「無着色」のものを選べれば、それで気持ちもスッキリした。

ところが、ここでは大違い。当たり前の話。梅干しには「梅の実」が必要なのだ。はあー。ウメボシ大王様。まだなんにもしてないのに恐れ入ってしまった。とにかくカゴを背負って、藪《やぶ》の中を進んでいった。もう誰も通らないような草ぼうぼうの道の奥に、りっぱな梅の木が立っていた。いっぱいの青梅。夢中で採った。なんか妙に楽しい楽しい。すっかり興奮して、ダンナとふたりでカゴいっぱいの梅に見とれていた。

つぎは、梅を洗っておへそを取って、水につける。この青梅を水につけておく時の美しさは、本当にうっとりしてしまうほど。梅の表面のうぶげのようなところが透き通って光って、なんともきれい。金魚鉢でものぞくように、暫《しば》し、しみじみ見とれていることにしてる。そのあと水気を拭いてからやっと塩漬け。そして、赤ジソの出番まで待っているのだ。そうか、赤ジソがないと赤い梅干しにはならないんだったっけ。赤ジソを近所のおばあちゃんに分けてもらって、塩でもむ。梅と一緒に漬け込んでおく。

そして今度は土用《どよう》の晴れた日を待って、三日間もお日様に干す。ふー。大きなザルに少し赤くなった梅を並べて、上から赤ジソの汁をつけていく。ぽんぽんぽん。なんてかわいいんだろ。早速写真を撮ってみた。ひっくり返して裏側もお日様に当てましょう。だんだん赤くなっていく梅をひっくり返すのが、なぜかうれしいうれしい。

とにかくやっとこ梅干しが瓶《かめ》いっぱいにできあがった。思ったよりしょっぱかった。よくわかんないけど「おいしい」と思った。そうか。梅干しは作る時がちゃんと決まっていたのだ。梅が成る時。赤ジソが大きく育つ時。お天気が続く土用の時。ちゃんと順番どおりに。そうして人の手がていねいに静かに梅干しを作り上げる。こうゆうことがかんたんにできるこの辺《あた》りのおばあちゃんたちはやっぱりスゴイ。私は大学まで出たけど、自分が本当に頭が悪いと気がついてしまった。がーん。

でも。自分の手で梅干しを作ることができた。なんにもできなかった私にも、「この手でできること」がやっとひとつわかりました。手が仕事をもらってニコニコしています。

お気に入りの道具②
大中小揃えて愛用のすり鉢。

塗師屋のかあちゃん

ダンナが弟子《でし》入りをした親方と奥さんのことを、私たちは「お父さん」「お母さん」と呼んでいる。年季明《ねんきあ》けをして独立してから、かれこれ十二年になるけれど、私はいつも親方の家に行って、お母さんに会ったり、「お母さん」と呼ばせてもらう時、あったかーいドロンとしたものが胸に流れるのがわかる。そしてそのあったかーいドロンとしたもので胸がいっぱいになってしまう。

初めて親方と会ったのは内屋《うちや》のお寺のお茶の間。弟子入り先を探したいけれど、ほとんどなんのツテもない私たちは、結局住まい同様、正円寺《しょうえんじ》のご院主《いんじゅ》様にお願いしてみることにした。すると、

「輪島で下地《したじ》職(＊2)をしておる岡本さんという人がいる。弟子もおらんし、赤木君にちょうど良いかも知らん。ひとつ頼んでみるワイね」そうおっしゃった。私たちは顔を見

合わせて、「ヨカッタね」と心の中で小躍《こおど》りしていた。たちまち、その「岡本さん」がお寺に来てくださるという。

お寺に出かける前。ダンナと私は「絶対に『お願いします』と頭を下げて、弟子にしてもらえるようがんばろうね」と誓い合った。おー。

その頃、岡本の親方は「お母さん」に「絶対に弟子にするなんて言ってこないのよ。断ってらっしゃいよ」と誓わされていたらしい。あらあら。

早速お寺に、まだ二歳にならない百《もも》も連れて伺《うかが》うと、部屋にニコニコとしたおじさんが座っていた。

「こちらが岡本さんです」そうご院主様から紹介された。それから何をどう話したのかほとんど憶えていないけれど、とにかく「どうかお願いします」と頭を下げていた。（こんな年をくったヒゲのはえた子持ちの東京から来た弟子は大迷惑でしょうけれど……）ひたすらお願いするしかなかった。お願いします。ううう。ふと横を見ると、百も座って、頭をぴょこんと下げている。これには親方も参ったらしかった。

「まいったなあ。しかたないなあ」と頭をかいていらっしゃる。もしかして。弟子にしてもらえるというコトかしら。やったあ。

それからは今度は「ありがとうございます」の連続だったと思う。なんだか選挙運動みたいで恥ずかしいけれど、この時は本当に親方に救われたみたいな気持ちだった。こうして、どうにかヒゲのはえた子持ちの弟子も、つぎの年の春から親方のところに通うことが決まり、私も百もホッとしたのでした。

輪島塗の徒弟《とてい》制度では、ほとんどが四年の「年季」と一年の「お礼奉公《ぼうこう》」を勤めると決まっている。私たちは、とにかくその五年間、なによりも親方のところへ通うことを第一に考えていた。遅刻をしない。病気をしない。しっかり修業して、みっちり仕事を覚えて、ひとよりがんばらないとなんにもならないと思っていた。職人さんの多くは十代で弟子入りしている。ウチのダンナは二十七歳にして堂々弟子入りである。フツウのことをフツウにしてたら、その差は縮まらないんだから。とはいっても、修業時代は苦労をしたとは思わない。どちらかというと、やっぱり楽しかった。

それもこれも親方たちのおかげなのである。年季が明けて、独立するまでの間「お父さん」と「お母さん」にはどれだけ世話になったか、言葉では言い表せるものではない。「お父さん」は昭和一桁《ひとけた》生まれの昔ながらの職人だけれど、頭が柔らかいのだ。私たちの考え方を理解してくださった。私たちの暮らし方を応援してくださった。ただ毎日同じように親方の仕事場に通ってるだけなのに、ずんずんとダンナが「漆《うるし》」にはまっていくのがわかる。親方からいただく毎月のお金で私たちは暮らしていたし、「お母さん」は食べ物から何から何までいつも分けてくださった。輪島塗のこと、輪島の町のこと、人づき合いのこと、田舎《いなか》暮らしのこと、私がわからないことは何でも教えてくださった。親も親戚《しんせき》も近くにまったくいなかった私にとって、文字どおりの「お母さん」だったのだと思う。

そして「お母さん」は「塗師屋《ぬし》(＊3)のかあちゃん」でもあった。私が考えるには、塗師屋のかあちゃんとは、「塗る以外の仕事を何でも手伝う奥さん」のことである。弟子の世話をする。ごはんも作る。研《と》ぎもん(＊4)もやる。請求書も書く。梱包《こんぽう》もする。お客さんにお茶を出す。電話に出る。着せもん（＊5）の布を切る。ぞうきんを洗濯する。そう。つまり今の私である。まさかこんなに早く弟子がウチにやってくるとは思わなかったし、こんなに忙しくなるのも考えていなかった。だから知らないあいだに、私は塗師屋のかあちゃんになってしまったのだ。いまだにその風格はまるでないけれど。

私たちが「お父さん」と「お母さん」にしてもらったコトの恩返しは、なかなかできないのはわかってる。だから代わりにウチにやってくる若い弟子たちに、力不足だけれど、何かできたらいいなとまじめに思っている。ぬりものの仕事はウチにいる五年間はできる限りたくさんこなしてもらう。いろいろな人からおいしいモノをいただいたら、みんなで食べる。畑も手伝ってもらって、たくさん採れたモノもみんなに配る。もちろんお昼ごはんはみんなで食べましょう。ときどきは困ったことの相談にも乗ったり。何でもしてあげようといつも思っているのに、こんなコトしかできない。みんなの「お母さん」になるのはなかなか難しい。塗師屋のかあちゃんもまだまだ半人前。

弟子入りをして二年目の頃。二番目の子を妊娠した。「まだ修業中なのにまた子供ができてしまったなあ」と思いながらも、妊娠と赤ん坊好きの私はウレシクテしかたなかった。早速「お母さん」に報告した。

「おめでとう。ヨカッタね」

もう「お母さん」の目はウルウルである。私に近づいて「できることはなんでもしてあげるからね。大丈夫だからね」と言ってくれた。

「はい」と答えたら、あ。またあったかーいドロンとしたもので胸がいっぱいになってしまった。

その八ヵ月後。茅《かや》は朝早く生まれた。生まれるまではずっと付き添ってくれていたダンナも、八時には親方のところへ仕事に出かけた。入れ違いに「お母さん」が病室に駆《か》けつけてくれた。

「男の子だったね。おめでとう。かわいい顔を今見てきたよ。智子さんは安心してゆっくり休みなさいね」

私は心底《しんそこ》安心してしまいぐっすり眠りについた。ふと目が覚めて、見ると、窓際のいすに座って「お母さん」もこっくりこっくりと眠っていた。「お母さん」がそうして部屋にいてくれて、私は世界一幸せな気分でまた目を閉じた。

＊2　下地職―木地師（p66参照）がつくった素地に、下地といわれる様々な工程を施す職人。下地は漆を塗り重ねていくために、また漆器が後でゆがんだり割れたりしないために必要な工程。
＊3　塗師屋―輪島では漆器の製造から販売までを行う家をいう。
＊4　研ぎもん―漆を塗り重ねるために必要な研ぎの作業のこと。
＊5　着せもん―素地を補強するために施す布着せの作業のこと。

手でたべる

「ウッホウッホ、ウマイウマイ、クリ、ウマイ」

「コレ、クエクエ」

「ウッホッホ、ウマイウマイ」

さっきから私とダンナと百《もも》で、大笑いで、「原始人ごっこ」をして拾ってきた栗をぱくぱく食べている（なぜかゴリラになっちゃってるけど）。電気はついていない。ロウソクの灯《あん》りの中。


平成三年の秋。大型台風十九号が、九州を攻撃したあと能登半島も襲った。さらにその後東北に向かって、「りんご台風」と呼び名がついたヤツである。

山の中を怪獣が通ったあとみたいに、木が薙《な》ぎ倒されている。スゴイのは大きな木が真ん中あたりからボッキンボッキン折れてしまっていることだ。その朝からウチは四日間停電だった。

電気がないということは、部屋の灯りがつかないだけじゃない（当たり前だ）。冷蔵庫ダメ・洗濯機ダメ・炊飯器ダメ。おまけにウチは山水を溜《た》めて、ポンプで水を回して使っているから、水もダメ。電話もダメだった。最初はどうしよう、どうしようとあたふたしてたけれど、すぐに開き直った。キャンプ生活と一緒なのだ。食料は傷《いた》まないうちに食べる。ご飯は鍋でガスコンロで炊く。最小限の道具を使う。家の裏にチョロチョロ湧《わ》き水が出ているので、それを溜めて洗い物をする。日の出とともに起きて、夜はなるべく早く寝る。お風呂だけは近くにある公衆温泉につかりに行った。でも困ったのは、生まれたばかりの茅《かや》のおむつ。布おむつを使っていたので、その洗濯は大変だった。下洗いはできるけれど、そのあとキレイにして、濯《すす》いで、絞って干すのは難儀《なんぎ》。四日目には、根負《こんま》けして、濯ぎと脱水を友達の家の洗濯機にお願いしてしまった。

いつまで電気が来ないんだろうと心配だったけど、だんだん楽しくなっているのが自分でわかる。原始人ごっこも考えついたし。五日目に電気がついた時にはすこし拍子《ひょうし》抜けした。

子供たちが出かけた後、ふたりでゆっくり朝ごはん。干物はうちで作ったり、輪島の朝市で買ったり。

そういえば。中国の映画『初恋の来た道』の中で、田舎《いなか》の小さな村に住んでる主人公の女の子が、ごはんをせっせと作る。土間《どま》の台所のかまどに、大きな鉄鍋がのせてあって、その鍋で何もかも作ってしまう。こっちのはじで野菜を炒めて、こっちのはじでネギ餅《もち》を焼いて、餃子《ギョーザ》の時は並べて蓋《ふた》をする。その映画の中の貧しいけれど、おいしそうな台所、簡素でおおらかな道具の使い方が目に焼き付いている。できあがったごちそうはどんぶりに入れて、ラップがないのでお皿で蓋をするのだ。蓋をして包んだ餃子を抱えて、好きな人の乗った馬車を追いかけて、丘の上を走る。ストーリーはもちろん、台所や蓋や当たり前のことに、感動してしまった。

この台風停電から、私はいつも、なんでも家のコトをする時に、「便利なものがなかった昔のおばあちゃんなら、どうやっただろう」と考えることがクセになった。典型的サラリーマン家庭で、何の手伝いもせずにノホホンと育った私は、ご飯は炊飯器が炊くものと思っていた。だから鍋でご飯を炊くという基本的なことに感動した。そうか。自分でできるんじゃん。

すっかり気をよくした私は、「自分の手でできることは自分でするべし」というスローガンのもと、土鍋でせっせとご飯を炊く。食器はふきんとタワシでゴシゴシして洗う。電気のポットもやめにして、そのたびにお湯を沸かそう。魚の干物は七輪《しちりん》で焼いてみる。

こしょうやスパイスは、小さい石のすり鉢で潰す。能登のお豆腐はおいしいので、みんなで食べる時は手で思い切りよくグニャッと崩して、いろんな薬味をのせる。採《と》ってきた野菜を洗って、手でちぎって、手で和《あ》える。菜っぱにいろんなものをのせて、グワシッと包んで手で食べる。

いつも「手がいちばんの道具だね」って心の中でつぶやいている。困った時も「手があるから大丈夫」ってね。

台風のおかげで、原始人ごっこに夢中になっていた。栗のつぎは、あけびをぱくっと開けてムシャムシャほおばり、ぺぺぺぺーっと種を出す。

「コレモ、ウマイウマイ」

「ホラ、クエクエ」

「ファー。オレ、モウネムイ」

「ウッホウッホ、ミンナ、ネロネロ」

百がふーっとロウソクの火を吹き消した。真っ暗になったかと思ったら、月明かりで部屋の中までまだ明るかった。

お気に入りの道具③
陶芸家・杉本寿樹さんの土鍋。

研ぎもんのおばちゃん

「輪島塗」にしろ「ぬりもの」にしろ、その工程を説明するのは難しい。ウチの仕事場には様々な人たちが、遊びに、見学にやってくる。ダンナはそのたびにいろいろな方法で、でも、結局いつも同じ言葉でていねいに説明してる。ときどきは英語で。苦労してつくった工程見本を見せながら、材料の実物も広げて見せる。それでもなかなか。理解できる人は少ないと思う。ただ、「何回も塗り重ねるのだー」ということはよくわかってもらえるらしい。「手間のかかることなのねえー」という感じだろう。

何回も塗るためには、何回も研《と》がなくてはいけない。つまり、「塗っては研いで塗っては研いで」の繰り返し。漆《うるし》という塗料はツルツルの状態の上に塗り重ねても、上手に定着しない。一度、漆を塗ってコーティングされた表面を砥石《といし》や紙ヤスリで、研ぐ。この「研ぐ」という言葉が、はじめ私にとって謎だった。研ぐといえば包丁でしょう。フツウ。何か刃物のようなモノの切れ味を良くするというイメージ。まさか、漆を塗った表面を石でゴシゴシ磨くとは思わなかった。後にちゃんとした「研ぎもの」の技術を習いに行ったのだが、その前にダンナの夜なべ仕事の手伝いを、家でひとりでしている時代があった。

「とにかくこの砥石で、中塗《なかぬ》り研ぎ(＊6)をしてみてくれ」そう言われた。私の頭はチンプンカンプンのまっしろけ。その時ダンナが夜なべ仕事として親方からもらっていたのは、輪島塗の大きな座卓の脚である。一応ダンナの仕事部屋があって、山のように脚が積み上げられていた。真っ黒に中塗りまでしてある脚をテーブルにのせ、傍《かたわ》らに水の入った洗面器。いろんな形の黒っぽい砥石がコロコロ。タオル片手に見よう見まねでゴシゴシやってみる。ゴシゴシすると表面が白くなってくる。そうか。全部白くすればいいのかな。いったい自分は何をしているのかさっぱりわからない。鼻歌まじりで、ゴシゴシ。隣に珠《たま》のようにかわいい赤ん坊の茅《かや》を眠らせて、ゴシゴシ。おやつを食べながら、ゴシゴシ。

さてと。五時半だ。ダンナ様のお帰りだ。ダンナが私の仕事を一目《ひとめ》見て、

「これじゃあ。だめだよ。もっとしっかり研がなきゃ」

「へーい」

そうか。まだところどころ黒いところがあるからだめなんだな。よしよし。まだ自分がいったい何をしているのかわかっていない。それでも、ゴシゴシ。もっとしっかり、ゴシゴシ……。結局、その夜ダンナに手本を見せてもらった。それは、私のやっていたゴシゴシとは種類の違う動作だった。ものすごい早さで無駄がなく、しっかりと脚のまっすぐな部分やカーブに沿って、砥石をあて、「研いで」いた。

「あらまあ。ぜんぜん違ってたわ」そう思ったけど、やっぱり意味はよくわからなかった。どうして研ぐのか。何が目的なのか。どれを目指せばいいのか。そういうことをちゃんと理解したのは、実は「研ぎもの学校」へ通い始めてからだった。

輪島塗の職人の世界は、はっきりと分業制である。木地師《きじし》(＊7)・塗師《ぬし》(＊8)・蒔絵師《まきえし》(＊9)・沈金師《ちんきんし》(＊10)・呂色師《ろいろし》(＊11)……。もっと細かく分かれている。ウチのダンナは「塗師」を選んだのだが、その中にも「下地《したじ》職」と「上塗《うわぬ》り職(＊12)」がある。そしてその合間に

「研ぎもんのおばちゃん」がいるわけだ。「研ぎもの職」として、専門にやっている人もいるけれど、その家の奥さんが研ぎもんのおばちゃんになってるケースが多い。私もそれである。もちろん研ぎもんのおばちゃんに徒弟《とてい》制度はなく、職人であるご主人に言われたとおりにゴシゴシしていたのだろう。きちっとした技術が指導される機会もなかったと思う。そしてそのおばちゃんたちの高齢化。「これは危ない」と気がついた漆器《しっき》組合と輪島市が協力して、「研ぎもの学校」なるモノを考え出した。学校といっても、年齢制限五十歳というおばちゃんたちを十人ほど募集して、一年間の課程で「研ぎもの」の考えと、しっかりとした技術を教え込むのである。先生は伝統工芸士一期生というような強者《つわもの》揃いの職人さん五人。ひとくせもふたくせもあるおじいさんたちである。

研ぎもの学校へ通った一年間は、苦労もしたけれど楽しかった。「学習欲」のようなモノが満たされていくのがわかる。先生たちは手強かったけど、二十代から五十歳ぎりぎりまでの十二人の同級生と、時にはワイワイ、時にはきびしくゴシゴシし続けた。みんなジャージをはいて、かっぽう着かエプロン、腕抜きもして、りっぱな研ぎもんのおばちゃん姿である。私は輪島弁もそこでいっぱい覚えたし、輪島塗のこともずいぶんわかるようになった。複雑な工程も理解できたし、ひとつひとつの意味も、もちろん研ぎものの技術も教えてもらった。研ぎものがいかに大事な仕事かということも身にしみてわかったと思う。

研ぎものは、初めのうちは水を使わない「空《から》研ぎ」。それからだんだん目の細かい砥石やペーパーを使って「水研ぎ」をする。研ぐものそれぞれの形に合わせて、自分で砥石の形を作る。研ぐ部分によって違う砥石を使うので、それを上手に作ることが至難《しなん》の業《わざ》。相手は石であるから、研ぎ始めたら容赦《ようしゃ》はない。だからこそキチンと形に合った砥石を、切ったり削ったりして作っていく。四角いモノはひたすら手で研ぐが、まあるいモノは真空ろくろに乗せてクルクル回して研ぐ。ダンナが独立したと同時に真空ろくろを買ってもらった。

できたてほやほやの研ぎもんのおばちゃんだった。とにかく、「いかに無駄のない動きで、しっかりとたくさんの数をこなしていくか」が問題。最初はぎこちなかったけれど、少しずつ様《さま》になってきた。ありがたいことに仕事もどんどん忙しくなるし、塗る人も一人ずつ増えてくると、研ぎものの数はすごいことになってくる。ひたすらろくろにお椀を乗せて研ぐ。今日のおかずを考えながら研ぐ。鼻歌まじりで研ぐ。真剣に研ぐ。何十個も何百個も研ぐ。

あれれ。だんだん気持ちが良くなっていくのがわかる。瞑想《めいそう》状態のような、頭が空っぽになったような、でも、ただただろくろを回し続けている。究極の「研ぎもんのおばちゃん」になれた瞬間である。

＊6　中塗り研ぎ―下地、中塗り、上塗りと大きく三つに分けられる漆塗りの工程で、中塗りから上塗りへ移る間にしなければならない研ぎの作業。
＊7　木地師―漆器のもとになる木の素地をつくる職人。椀木地師、指物木地師などがいる。
＊8　塗師―漆塗りの下地、中塗り、上塗りまでの工程をする職人。
＊9　蒔絵師―漆器の表面に蒔絵（漆で絵柄を描き、そこに金や銀、錫など金属の粉を付けることで文様を描く）を施す職人。
＊10　沈金師―漆器の表面に沈金（沈金刀で絵柄を彫り、そこに漆を塗り込み、金銀の箔や粉を付けて立体感のある文様を描く）を施す職人。
＊11　呂色師―上塗りの後の表面を磨き上げて光沢を出す、呂色仕上げを専門とする職人。
＊12　上塗り職―下地、中塗り、上塗りと大きく三つに分けられる漆塗りの工程で、仕上げの上塗りを専門とする職人。

はじめての畑

「あんなに畑に菜っぱが生えてるのに、野菜を買ってくるなんて気が知れない」

あー。またイヤミを言われてしまった。でもコロッケにはキャベツが欲しいでしょう。

やっぱり。一玉百円だったし。

「そろそろ野沢菜を塩漬けにしなきゃ。あんなに大きくなってるし。そんなこと言っても
トコちゃんはどうせやらないけど」

うー。やっぱり言われてしまった。今やろうかなあって思ってたのに。フーンだ。このところ、畑の手入れも漬物係もダンナの役になっている。はたらき者のダンナ様はせっせと耕し、せっせと種を蒔《ま》く。ナマケモノの私を待っていられない。

畑につぎからつぎへと野菜がもさもさ、ニョキニョキ生えてくる。

土を起こして、種を蒔いて、苗《なえ》を植えて、満足満足。

芽が出てきたよ。あっちからもこっちからも。満足満足。
きれいな花が咲いた。トマトの葉っぱはもうトマトのにおいがする。満足満足。
でも、これで満足してる場合じゃありません。今ではウチの畑はすごいんですから。

春にはいっぱいの種類の菜っぱが生え揃い、夏には夏野菜があちこちでぶーらぶら成っている。まだ大丈夫と思っていたら、虫が食べ尽《つ》くしてレースになっちゃった水菜。油断をしてると、すぐにバットのようになるズッキーニやキュウリ。ちょっと目を離すとたわたわと成り下がってるシシトウにピーマン。朝からずっと、ルッコラにほうれん草に春菊を食べ、一日中キュウリをかじり、毎食ピーマンの嵐。ずぼらな私なりに一生懸命メニューを検討し、採《と》っては作り、作っては食べさせ、みんなにお裾《すそ》分《わ》けしても、まだまだ。「きゃー」……これは私のうれしい悲鳴です。

初めての畑は、最初に借りて住んでいた農家の小さな庭。引っ越してきた時は草ぼうぼうだった。草刈りを少しずつして、小さい畝《うね》を五、六個作る。さあ、何を植えましょう。キュウリにトマトに茄子《なす》にピーマン。ほうれん草も種を蒔いてみた。

かわいい芽が出てきたら、うれしやうれしや。苗もつぎつぎ大きくなる。そうだ。伸びた野菜を支える支柱を立てなきゃ。五十センチぐらいの棒を用意して、上手にキュウリの支柱を立てた。やった。キュウリの蔓《つる》が巻き付いてる。もう大満足、エッヘン。である。

ところが、そのあとが恥ずかしくて大笑い。そうです。キュウリは私の背丈より大きく伸びるのです。なんにも知らないこの夫婦はちいさなちいさな棚を作って大喜び。それを見ていた内屋《うちや》のお寺のご院主《いんじゅ》様は、早速お年寄りたちに聞かせるお説教のネタになさったらしい。

「東京から移り住んできた赤木さんたちが、畑を始めたとはしゃいでおるから、どんなもんやらと見てきたワイね。『ほらキュウリです』って言うもんやから見てみたら、こーんなちいせえ棒を立てておる。『赤木さん。こんな低いんじゃや、まにあわん。キュウリはずーっと大きくなってぶらぶらぶら下がるもんや』と教えたら、ビックリしとったわ」

もうここで、おばあちゃんたちに大ウケである。あー。恥ずかしい。でもさすがにお説教である。さんざんおばあちゃんたちを笑わせたあと。

「こんな無茶苦茶なコトしとるけど、赤木さんたちは、野菜を作ったり、山菜を採ってきたり、この辺の若いもんが見向きもしないことを楽しそうにやっておる。どうなるもんやらとおもっとったけれど、たくましくようやっとるわ」と締めくくってくださったそう。

それから五年後。私たちは、初めての畑から一キロ先に土地を買って、家を建てることができた。この土地を分けてくださったのもお寺のご院主様。とにかくずっとお世話になりっぱなしなのである。


もちろん新しいこの土地でも畑を作った。もちろん同じように耕して。もちろんいろいろな野菜を植えた。そこまではヨカッタ。ある時ダンナが私に言い放った。

「トコちゃん、うんこくみをしよう。畑にうんこをいれよう」

さわやかに言われてしまった。そしてなぜか自分は忙しくて、今できないらしい。つまり私にやりなさいと言っているのである。

「えー。私ひとりでやるのー。しんじられなーい」そう言いながら頭ではどのような出《い》で立ちでやるべきか想像をめぐらしていた。なんとなく、いつかはやる時が来ると思っていたのだ。とうとうその時が来てしまったのだ。

「エーン。ぐれてやるー」そうさけんだ。頭にタオルを巻いて、汚れても惜しくないかっこうで全身を覆《おお》い、半泣きでさけんだ。だって、ふと見ると家の中からカメラで私を撮ってるやつがいる。うれしそうなダンナ。

「でもなんか楽しそうだなあ。やっぱりボクもやろうかな」

何のんきなこと言ってるんじゃ。私は必死である。どうにか自分に被害が及ばないように、慎重にトイレのタンクからうんこを運ぶ。

「あーん。なんで私がこんな目に……」そう言いながらもまんざらでもない自分が恐ろしい。そのあとは希望どおりダンナも一緒にするようになった。

「だんだん楽しくなってきてるよね」

ふたりで気持ちを確かめ合う。今では大きな声じゃあ言えないが、へっちゃらである。ウチの畑はくろぐろといい感じの土になり、おかげさまで収穫もすごいもの。

うんこくみのインパクトは強烈らしく、新しく移り住んできた友達にも、「智子さんに教えて欲しい」などとお願いされてしまった。とほほ。でもねえ。我慢して何かやるのも性《しょう》に合わない。からだにいいからっていうのも続かない質《たち》。だからほどほどの楽しいうんこくみを目指します。はい。

お気に入りの道具④
インドの靴屋で買ったサンダル。

草の国から

能登に移り住んでからも、よく東京に行くけれど、いまだにここと東京の地面がつながってるのが不思議でしょうがない。

初めはみんなからもそう言われるし、「やっぱりここの空気はきれいだし、緑も多くて気持ちいいなー」って頭だけで思っていた。本当はよくわからないくせに。「そういうもんだ。そうに決まってる」と言葉でわかってるだけなのに、ちゃんと感じてる気がしていたのだ。三歳になった百《もも》を連れて東京の実家に帰ったら、阿佐ケ谷の駅前で「おそらがちいさいねえ」と百がつぶやいた。

「あ。ほんとだ、お空ちいさいんだ」と私もつぶやいてみた。

すこしすると。東京に行ってふと気がつく。なんか空気が重たい。一日外にいるとすぐお風呂に入って頭を洗いたくなる。鼻クソがいっぱい詰まってる感じがして気になっちゃう。やたらに煙草のにおいが鼻につく。電車の中のサラリーマンの顔はどれもどんよりしている。

もうすこし経《た》つと。「能登の家に帰ってくると、いいにおいがするなあ」と思う。それは草のにおいだったり、雨のにおいだったり、土のにおいだったり。満月の夜に空を見上げると、透き通った空気に月の光が降っているのがわかる。些細《ささい》なことばかりだけれど、「あー。からだで感じるようになったんだ」と自分で感心している。

春。雪解けの頃、ちらちらと緑が顔を出す。太陽はとてつもなく大きくて、ボーボーに燃えていることは私でも知っている。でも。冬のあいだ降り積もった雪を、人間がせっせと何時間もかけてスコップで雪寄せをしたり、力持ちの除雪車が思いっきりどかしてくれても、そこらじゅう雪だらけで、「もう手に負えない。好きにして」と毎年思うのに。春になって地球がすこーし傾いて、ちょっとだけ太陽が近づいたら、あれよあれよと雪が解けていく。

「太陽って、めちゃめちゃ遠くにいるはずなのに、スゴイ熱いんだなあ。きっと」

なんだか小学生のような発見である。

それからは草も木の芽もすばらしい勢い。ヒトのことなんておかまいなしにぐんぐんと堂々とのびるのびる。ふと気がつくとまわりじゅう「草の国」になっている。様々な形の草や木の葉が重なり合い、すこしずつ違った緑色で、春にはうぶげに包まれたように淡い美しさだったのに、夏に向かって音を立てるように濃く、いきいきと生《お》い茂る。じっと動かずにそこに静かにいるのに、ものすごい力。グイグイと枝を伸ばし、きらきらと光って、しゃらしゃらと風にそよぐ。

ときどき私もテラスの真ん中にすっと立ち、腕を広げてみる。枝のように。朝の空気が凛《りん》と気持ちのいい時は、「おーい。おはよー」と呼びかけてみる。でも、私が何をしていようと関係なしである。虫に葉っぱを食われても、ヒトに枝を折られても、そんなことは計算ずくであるかのように、力強くまたまた伸びる。好き勝手にお日様を浴びて、雨に当たって、生きているのである。私が何を感じてようが関係なく、ムンムンと草のにおいをまき散らして地球に生えているのである。まわりの空気は透明のはずなのに、いつのまにか緑色のゼリーのように見える。

草刈りが趣味であるダンナは、みんなが蛇に咬《か》まれないように、畑の野菜が雑草に負けないように、使命感を帯びてブンブンと草を刈る。ずぼらな私はただただ草の国の勢いに飲み込まれそうになってしまう。家中のどの窓も緑で埋《う》め尽《つ》くされそうになると、

「こんなのずっと見てたら、いい人になっちゃうよね」

冗談半分で言っている。いい人になれるかどうかは謎だけど、緑色の空気を吸っている私は元気である。

平成五年。

修業を終えて明登さんが独立。
借りていた農家からさらに一キロほど奥、
山の間の土地に家と工房を建てました。
百《もも》ちゃん、茅《かや》くん、音《のん》ちゃんと犬のたま。
家族五人と一匹の暮らし。
工房には毎日職人さんとお弟子さんも通ってきます。

賄いのおばさん

いつからだろう。さっぱりわからないけど、私は「賄《まかな》いのおばさん」になった。ダンナの四年の年季《ねんき》が明ける頃、私も「研《と》ぎもの」という輪島塗の工程にある技術を習い、独立する頃には、どういうわけかダンナの仕事を手伝うはめになった。りっぱな家内制手工業の誕生である。でも少し経《た》つとありがたいことに、ふたりではにっちもさっちもいかなくなってきた。ふたりで考えて、アルバイトで誰かに手伝ってもらうことにした。

さて。今でも新しい弟子《でし》が来たり、仕事を手伝ってもらう人が相談に来ると、「お昼ごはんはどうするの」という基本的な問題が大事になってくる。今どきは輪島といえども、わずかながら残っている徒弟《とてい》制度にのっとった弟子にも、一人前になった職人さんにも、「住み込み」も「賄い」もほとんどない。そういう「状況」というか、「関係性」が崩れてしまったんだと思う。ひと昔前は、弟子は住み込みで、お小遣い程度しかお金ももらえず、ごはんも最低限のものだったと聞いたことがある。もちろん時代は変わっていて、昔どおりにはいきません。核家族で育った人が多い私たちの世代が、親方になったからといって、突然「相撲《すもう》部屋」のようにできるわけがない。私たち世代の価値観によって、変わっていくことや残っていかないことがたくさんあるんだと、この頃気づいた。けれどもその時は、そんなこととはつゆ知らず、先のことも考えず、「お昼は一緒に食べましょう」と始めてしまいました。なにしろ、ここは近くにコンビニも定食屋もラーメン屋もぜーんぜんなんにもない。どうせ私たちはしっかりお昼ごはんを作って食べるんだし、「お弁当を持ってきて」というのも変な気がした。かくして「賄いのおばさん」登場である。

今ではすっかりダンナの片腕の職人になってしまったけど、初めはアルバイトで来てくれた千木良《ちぎら》さん。彼女から「一緒にごはん」が始まりました。そうか。その頃はのんびり三人分だったのね。今では弟子も合わせて五人が通ってるから、お昼ごはんの基本形は七人分である。そこへいろんなお客さまがしょっちゅう参加するので、八人、九人はよくあること。

「ふん。何人だってドーンと来い」

ぽんと胸をたたきたいところだけど、やっぱり、

「とほほ。今日は十人かあ」

はー。ましてや、近頃は雑誌の撮影やらで、なぜか私がごはんを作る場面が増えてしまった。必然的にスタッフの方々もごはんを食べる。すごい時にはお料理研究家、フードコーディネーター、有名なお店の板長さんたちもごはんを食べる。ギャラリーのオーナーや、突然訪ねてきた若い子もごはんを食べる。みんなみんなウチでごはんを食べていくのだ。でも、自分が「大変でかわいそう」にはなりたくない。どうせなら「楽しくておいしい」のほうがいいに決まってる。パニックになるのも絶対いや。毎日のことだからからだがもたないでしょ。そこで、むむむむ。平常心平常心と呪文を唱える。

えー。今日は若い子が都会からやってきてるから、「フツウのお母さんのごはん」。まずは土鍋で白いご飯に黒米を混ぜて炊く。椎茸が採《と》れたから、キノコと根菜たっぷりの粕汁《かすじる》。あ。干物が少し残ってた。焼いちゃおう。あとは菜っぱのおひたしかなあ。よしよし。

えー。今日はここ数日泊まってる友達夫婦も一緒。もうこの人たちとは何百回もごはんを食べてるから、「なんでもいいからあり合わせごはん」。パスタをおみやげにもらったぞ。それそれ。トマトのソース。半分はアスパラとエンドウを入れたペペロンティーノ。タコがあるからタコと野菜のサラダ。パンとチーズも切りましょう。子供も一緒で十一人分。ドーンと一キロのパスタをゆでる。

えー。今日はお客さまなしの基本形。身も心もお休みお休みしなければ。「なんにも考えなくていいおたすけごはん」。冷凍の讃岐《さぬき》うどんは常備している。抜かりはないぞ。大きな土鍋に出汁《だし》を沸かして、揚げにネギにキノコを入れる。うどんは十玉かな。蓋《ふた》をしてグツグツいうまで、台所のいすに座って、雑誌を見たりする。今だ。卵を七個落とす。刻んだ青菜もぱらぱら。そうだ。お餅があった。こんがり焼いて、最後に入れましょう。鍋焼き力うどんのできあがり。

結局。なんだかんだ言っても献立を考えたり、組み合わせを工夫したり、冷蔵庫にあるものと畑に成ってるもので何か作り出したり、その時のお客さまや自分の気分に合わせたり、そういうことが好きなんだと思う。「この煮物はどの鉢に盛ろう」とか、「取り皿は今日はこれでしょう」とか、そんなことを考えることは私にとって、展覧会の企画を考える仕事と同じコトのよう。それから、その日のスカートと靴下を決めるのと同じコト。うまくいったらすごくうれしい。そして何よりもみんなで「これおいしいね」と言いながらごはんを食べることが好きなんです。この賄いのおばさんは。

お気に入りの道具⑤
竹製の味噌こしざる。

畑の野菜が大豊作。今日のお昼は、トマトと茄子を使った「夏チキンカレー」。家族にもお弟子さんたちにも人気のメニューだから、すぐに完売。

緑の野菜も採れる採れる。ピーマンはジャジャッと炒め物にしよう。キュウリでサラダも作ろう。

ものをつくるひとびと

公務員の父と専業主婦の母のもと。中目黒の公務員宿舎で育った。去年亡くなった父は、私が物心《ものごころ》ついた頃は虎ノ門の科学技術庁に勤めていた。なんだか農林水産省よりカッコイイと思っていた。

父はステテコ姿で、キリンビールを飲み、ハイライトを吸って、巨人を応援していた。すごくおしゃべりでうるさくて、怒ると大声を出していた。よくナイターをテレビで見ていて巨人が負けそうになると、

「おーい。川上（監督）に電話するからもってこーい。パパがひと言教えてやるぞー」

とさけぶので、小さい私は本当に電話しちゃうんじゃないかとヒヤヒヤしていた。

日曜日の夕方。パチンコ屋に父を迎えに行くと、私の好きなチョコレートと玉を交換してくれた。まだ左手で、ひとつずつパチンコ玉を穴に入れ、右手ではじいている頃である。テレビドラマに出てくる「温和で寡黙《かもく》な父親」とはほど遠いので、ドラマの中の

お父さんなんて現実にはいないと勝手に思っていた。

それでも父は、いってみれば「質実剛健」。まあ、曲がったことが大嫌いタイプ。そして、とにかくモノに執着がない。必要なポロシャツとセーターを買いにデパートへ行くと、五分で決めて、さっさと支払いを済ませる。借金も大嫌い。だからよけいなものは何も持ってないし、高価なものも興味なし。マザー・テレサが亡くなった時、着ていた服と小さな巾着《きんちゃく》のようなバッグだけが持ち物だったと聞いて、私は自分の身の回りを眺めてみて、ただただ恐れ入った。

くらべるのは烏滸《おこ》がましいけれど、うちの父も見事に何も残さなかった。


だのに、その娘がこの私です。はっきりいってモノが好き。好きなものしか欲しくないけれど、好きなものに囲まれていたいと思ってる。気に入らないと必要なものでも買わない。子供の上履きの中をゴシゴシするためのタワシは、柄《え》がプラスチックのかわいくないのだからどうしても買えなかった。粒こしょうを挽《ひ》くあのこけしのような容器もどうしても苦手。なかなか気に入ったのがないので、いまだに小さな石のすり鉢で潰してる。もともと便利なものがあまり好きでないのかも知れない。別に値段が高いとか安いとかも関係ない。古いものも新しいものも好きである。ガラクタを拾ってきたり、石を並べたり、クッキーの包み紙もかわいいのはとっておく。

そして、そうそう。ぬりもので欲しいものがなかなかまわりになかったから、まずは自分たちが使うものをダンナにあれこれつくってもらったのだ。

「こういうお皿で漆《うるし》のモノが欲しいよお。こんなお盆もつくったらいいなあ」

独立して初めてダンナが自分のものをつくり始めた時から、私がいちばんうるさい注文主だった。

考えてみると、いつの間にやら、ものをつくる人たちに囲まれている。東京で仕事をしている頃からだから、もう二十年近いつき合いの作家もいる。うれしいなと思うのは、私に「ギャラリーのおねえさん」という肩書がなくなっても、ちゃんとつき合ってくれていること。たまにしか会えないけれど、いつでも、みんなが今つくってるもののこと、私が今考えていること、本当に思っていることを話したいと思うひとびと。焼き物の小《お》

いつも好きな器を使う。ぬりものもどんどん使う。使い込むとぴかぴかに光ってくる。

野哲平《のてっぺい》さんと、その奥さんでお洋服をちくちくつくる早川ゆみちゃん。今では「百草《ももぐさ》」というギャラリーも持っている安藤雅信《あんどうまさのぶ》さん。木の器のパイオニアになってしまった三谷龍二《みたにりゅうじ》さん。こんなスゴイ人に出会えて、この仕事をやってヨカッタと思った鍛金《たんきん》の長谷川竹治郎《はせがわたけじろう》・まみさんご夫婦。まだまだたくさんいる。みんなみんな展覧会をしてもらった。その頃、私はまだお尻の青い小娘で、生意気きわまりない、身のほど知らずの、でも真剣で精一杯の仕事ぶりだったと思う。若い作家の方も、力が入りすぎて、ツンツンとんがってたり、ギラギラてかってたり、まだグチャグチャだったりしてたかも知れない。毎日毎晩、いろんなコトを見たり、話したり、笑ったり、泣いたりしていた。でもスゴイことに、今ではみんな押しも押されもせぬ人気作家になってしまった。そしていちばんのビックリは、結婚した時は編集者だった赤木明登《あかぎあきと》が、十年後には塗師《ぬし》になってしまったことだ。私が一度離れた工芸のギャラリーや器屋さんの世界に、もう一度ダンナと一緒に入っていくことになったのだ。

それからは、ますます私たちのまわりはものをつくるひとびとであふれている。器や道具だけにはとどまらず、お米やお茶、セーターや靴下、洗剤やタオル、お家まで、つくってるひとびとである。その中から好きなものを選んで、好きなものに囲まれていると私はニッコリなのである。そしてはからずも、私は能登の山の中にいることで、本当に自分が好きなもの、気持ちのいいものがわかるようになった気がする。そしてますます頑固《がんこ》に、自分が本当に好きなものしかまわりに置きたくなくなっている。

それにしても。私のこの「もの好き」はどこから来たのだろう。よーく見回してみても、今私のまわりには、公務員をしている友達はほとんどいない。私が育った家の様子を思い出してみる。父と母はどんなものが好きだったんだろうか。

まあ、私が「おしゃべり」なのはぜったい父譲りなんだけどなあ。

ゆずちゃん

雪の中、私は汗だくになって、涙でぐちゃぐちゃの顔で、この重ーい荷物をダンナと一緒に引きずっている。ゆずちゃんが死んでしまった。メスの大きな山羊《やぎ》である。ウチのテラスの向こうにある、ねむの木の根元に大きな穴を掘って、そこまで雪の上をふたりで運んでいるのだ。

能登に移り住んできて、すぐにかわいい子山羊をもらった。『アルプスの少女ハイジ』に出てくる「ゆきちゃん」そっくり。私はどうしても口元がゆるんでしまうくらいうれしかった。気持ちはハイジ。赤い首輪に鈴を付けた。何度も外に見に行っては、「あー。やっぱりウチに山羊がいるんだ」と幸せをかみしめていた。

でも、「ゆきちゃん」だったのは最初だけだった。がーん。ゆずちゃんはバリバリ食べて、ズンズン大きくなり、頭の角《つの》は強そうにりっぱに伸びて、みるみるふてぶてしいメスの大山羊になってしまった。その食欲といったら、見ていてこっちまでスカッとするくらい。とにかく食べることしか考えていない。アタマ悪そーなのだ。ダンナが、山羊小屋を作ってくれた。天気の悪い時はその中にいてもらい、お日様の出ている時は綱をつけて、杭《くい》につなぐ。

「どんどん生える草を食べてくれるから、便利だなあ」とのんきに構えていた。

ところが、それから私とゆずちゃんの格闘の日々が始まったのだ。ある時、イヤな気配を感じて、庭に出てみると、なんとなく小さな畑の緑が透きすきになっている。さっきまでと何が違うんだろう。あっ。ピーマンの葉っぱが全部ない。すこし離れたところに白い大きなお尻が……。ゆずちゃんが綱を引きちぎって、畑の菜っぱを好き放題食べているのだ。

「ゆずちゃん。ダメでしょー」

急いで小屋に連れて行こうとすると角を振って、反抗する。ひえー。よーし。私も必死に角を両手で押さえて、引っ張る。ビクともしない。それから私とゆずちゃんは互いに一歩も譲らず、むんずと組んで引っ張り相撲《ずもう》。三十分が経過。誰も人間は助けに来ない。私とゆずちゃんだけの世界のよう。もう私はボーボーに泣きながら、それでも一歩ずつ小屋に近づいている。全身ヘロヘロになって、ゆずちゃんのからだを小屋の中に押し入れる。

別の日。やっぱり畑にいる。せっかくもっと丈夫な太いロープに取り替えてもらったのに意味がなかった。引きちぎったロープをぶら下げて、ムシャムシャおいしいほうれん草を食べている。

「まったくもー。ゆずちゃんたら」

私がどなってても聞く耳は持たない。はー。これからまた小一時間格闘するのかと思うとゾッとする。でも私しかいないのだ。ここでこの凶暴な食いしん坊の山羊を野放しにしておくわけにはいかない。よーし。腕まくりをしてロープを手に取り、引き寄せる。さあ。こっちへいらっしゃい。いい子だから。今日はおとなしく私に従いそうだ。さあ。おいで。その時すこし気を許してしまったのがいけなかった。次の瞬間ゆずちゃんが反対側に走ったのだ。

「きゃー」

必死にロープを握りしめても間に合わない、止められない。西部劇だった。私はロープを持ったまま、ズルズルざざあーっと地面を引きずられたのだ。その後どうやって起きあがり、ゆずちゃんを捕まえて連れてきたのか、もう憶えていない。五時半になってダンナが帰ってくるまで、玄関に座って泣いていたのは憶えている。そこらじゅう、ズルむけだったから、さすがに帰ってきたダンナも驚いていた。

また別の日。おそるおそる外を見てみる。あれ。ゆずちゃんがいない。畑にもいない。私の視界のハジッコに白いけものが映った。こんどはロープを黄色と黒のシマシマの工事中に使うような強そうなのに替えたというのに。ぎゃっ。たらーり。どうしよう。大変だ。ゆずちゃんは隣の家の奥さんの花壇でムシャムシャしている。

「ゆずちゃーんっ」

私の雄叫《おたけ》びもむなしく、花壇にきれいに並んで植えられていたチューリップのつぼみだけきれいになくなっている。とほほほ。どうして。ほかにもたくさん草がそこら中に生えてるというのに……どうして。とにかくまたまた馬鹿力を出して、ゆずちゃんを小屋へ追いやってから、隣の奥さんのところへ早く謝りに行かなくちゃ。

「あれまあ。めずらしいキレイな色のをいただいて楽しみにしてたのに。あらら。もうすぐ咲くところだったのにねえ」

隣の奥さんはお花の先生をしてるのだった。すごく怒っていらっしゃる。たぶん。私はひたすら謝るしかなかった。

「ごめんなさい。ほんとうにすいません」

今思い出しても涙が出てくるような、ゆずちゃんとの日々。でも憎めないのだった。遠くでこっちを向いてるゆずちゃんを見ると、なんだか手を振りたくなる。きっと自分の名前も覚えられないでいるのだけれど、

「ねえ、ゆずちゃん。今日は天気がいいねえ」と話しかけている。


自分たちの家を建てた時には、もちろんゆずちゃんも一緒にお引っ越し。ますますたくましく、ますます自分勝手だった。ところが。それから一年後の冬。ゆずちゃんは突然死んでしまった。硬くなってしまった大きなからだを揺さぶって、エンエン泣いた。

つぎの日、研《と》ぎもの学校を休んで、ゆずちゃんのからだを埋めることにした。私はずっとずっと泣いていたけれど、あんまりゆずちゃんのカチカチになってしまったからだが重いので、泣いている場合ではなかった。ダンナは積もりにつもった雪を掘り、その下の土を掘ってくれた。大きな穴だった。汗びっしょりになって、ゆずちゃんを引っ張っていく。

「なんて重いんだろ。ふたりで運べるかなあ」

どこもかしこも真っ白な雪の中で、真っ白な山羊を引っ張って運ぶ夫婦。あまりの重さに私たちはなんだか急におかしくなってしまった。涙と汗でぐちょぐちょの顔で、笑っていた。ゆずちゃんてやっぱり憎めないヤツだったな。

おいしいにおいのする場所にはいつもたまがいる。「くださいな」の目をして待っている。

名コンビ

さて、今晩は鶏の唐揚げを作るぞー。冷蔵庫の肉コーナーから鶏のもも肉を出して、まな板の上にのせると……知らないあいだに茶色の毛もじゃの生き物が、私の横にお座りしている。これ以上ないぞっていうくらいの「おりこうさん」のポーズをしている。鶏肉の脂とか、皮のハジッコとかを私からもらうつもりである。

犬の「たま」。これでもゴールデン・レトリバーなのだ。仕方がないので、すこしお裾分《すそわ》けをして、「ハーイ」と無造作《むぞうさ》に投げると、上手にぱくっと飲み込む。ちっとも噛まない。

「たまー。もうすこし味わって食べてよ。それじゃ、何食べても一緒でしょう」そんなことは聞いちゃいない。つぶらな瞳でこっちを見てる。つぎのおいしいモノを食べ損《そこ》なわないように必死なのです。

みんなにりんごをむいてあげよーっと。りんごをまず半分に切る。すると、また茶色い生き物がやってきている。芯の部分をざくっと切る。切ったそばからぽーんと投げる。待ってましたとぱくっと食べてくれる。

「じょうずでしゅねー。たまちゃん」

もう十二歳の、人間でいえばイイ年のおばさん犬に、なぜかウチの家族は「赤ちゃん言葉」を使ってしまう。

山羊《やぎ》のゆずちゃんが死んだ平成六年の冬、たまは生まれた。私たちが結婚前からお世話になっている、写真家の百瀬《ももせ》さんと翻訳家の絹子《きぬこ》さんご夫婦。このふたりが犬好きである。飼《か》っているゴールデン・レトリバーの「ゴルビー」をお見合いさせて、子供を産ませると言う。ゴルビーの子供なら、頭も良さそうだし、かわいいだろうなあ。私は想像しただけで、胸がキュンとしてしまった。

「どうかひとつ、子犬をウチにください。お願いします」

何度も念を押して頼んだ。

百瀬さんたちは、東京に暮らしていながら、山梨県に山小屋を持っている。週末にはそこでのんびり過ごすという、なんだか理想的な暮らしぶり。私たちは輪島に移り住んでからも、お正月を百瀬さんの山小屋で過ごすことが多かった。百瀬さんが暖炉《だんろ》でお肉を焼いてくれる。絹子さんが元旦にはお雑煮《ぞうに》を作ってくれる。子供と犬も一緒に、飲んだり食べたり踊ったり。弟子《でし》の修業中のダンナは普段の生活から解放されて、百瀬さんと飲み明かすのが、本当にうれしい時間だったと思う。

さて、「ゴルビーのお産」はこの山小屋で準備が進められていた。私は小さい頃から犬を飼ったこともないし、何がなにやら想像もつかない。唯一あるとしたら、自分のお産の経験だけ。絹子さんもいろいろ獣医さんに聞いて、お勉強をして、その日に備えた。百瀬さん夫婦や山小屋の近所のお友達が、ウロウロあたふた立ち会う中、ゴルビーは十一匹の赤ちゃんを産んだのでした。

すぐに電話で報告があって、私たちは早く子犬に会いたくてそわそわしていた。犬はすばらしいことに一ヵ月ほどで乳離れする。人間と大違いだ。だから二月の半《なか》ばに生まれた子犬たちは、三月の後半にはゴルビーから離れて新しい飼い主のところにもらわれていった。私たちも車で山小屋へ駆《か》けつけた。いちばんかわいいメスの子犬をもらおうと決めていた。早く早く。

勇んで入り口から家の中にはいると、小さいフワフワのが五匹。百《もも》と私は「キャー」と歓声を上げる。みんなみんなかわいい。最初はまるきし区別もつかない。この中からどうやって選ぶんだ。私にはとうていムリ。

生まれ出てからこの子たちのお世話を一ヵ月半、ゴルビーとともにしてきた絹子さんが、説明をしてくれる。

「とにかくメスがいいのよね。この子はいちばん器量良しよ。色も白くてきれいだし、でもちょっと気が強いの。こっちの子はすこしのんびり屋さんなのよ。この大きい子はオス。なんだかいちばんおっとりしてて、私たちが引き取ろうかなと思ってる」

え。どの子もかわいくて、どうしよう。私たちが口を開けたまま困っていると、一匹の子がこっちを見ている。どう見てもこっちを見てるように見える。さっき、絹子さんがいちばんきれいな子だって教えてくれた子犬だ。

「この子を連れて帰ろうか」

やっとすこし現実的になってきた私。百もそばでなでなでしてる。

「そうしようよ、この子かわいいよ」

百瀬さんと絹子さんとそして、ゴルビーお母さんにありがとうをたくさん言って、私たちは「たま」を車に乗せて輪島へ向かった。

「たま」という名前は、本当はその時三歳の長男「かや」につけるはずだった。長女「もも」のつぎは「たま」。なんだかかわいいなあと、生まれる前からふたりで決めていた。ところが、岡山のダンナのお父さんお母さんに言ってみたら、

「そんな猫みたいな名前。つけるのはやめなさい。つけたら、勘当じゃ」

と、猛反対。

「ねえ、本気で怒ってるよねえ」

「たぶん」

すったもんだの末、ダンナが「かや」というイイ名前を考えてくれた。だから、「たま」という名前が余っていたのだ。そうして、小学校の調査票にも家族の欄に「赤木たま・犬」という項目が加わった。小さいうちは、もうヒトも子犬もうれしくってうれしくっ

て、じゃれたり転がったり、羽交《はが》い締《じ》めにしたり大騒ぎである。たまもまだ小さい歯で人の手をカミカミしたりする。まだ三歳の茅《かや》も、たまに噛まれると、「あぐー」とか言いながら、たまの耳やお尻に噛みつき返している。どっちがペットだかよくわからなくなる。

こう言ったらなんだけれど、私たちはすっかり親ばかなので、たまは頭もいいし、おりこうさんだし、生まれついての美人だなあとつくづく思う。ほとんど吠《ほ》えないし、もちろんヒトに噛みついたりしたことはない。ただね、食いしん坊である。食べても食べても食べたい。犬のエサより、人間が食べてるおいしいモノが好き。第一自分が犬だなんて、これっぽっちも気づいちゃいない。

子供たちが朝ばたばたと出かけていく。私が子供部屋に戻ろうとすると、口が四角くなってるたまと出くわす。子供たちが食べ残した食パンをそーっとテーブルからくわえて、口に入れているのだ。

「あーっ」私が思わず声を上げると、「あらら、まずい」という顔をして、ポトッと食パンを口から落とす。それから私のことを見ないように顔を背《そむ》けて歩いていこうとする。

「たまったら。まったくもう……。食べていいよ、これ」

私がパンを拾って渡すと、「ありがとう」の眼をして急いで食べちゃう。

たまは、「待て」もいつまででもできるし、「お座り」も上手。「ダメ」って言ったら、ちゃんと遠慮する。ただね、ときどききたなくてクサイ。海や川や山が好き。びちょびちょになって、ドロドロになって、「あー。灰色のきたないハイエナが来たぞ」って、家中の戸を閉められて、追い出される。

きたないくせにシャワーが嫌い。風呂場に入れる時だけは本当に手こずる。


たまはこう見えてもお母さんである。三歳の時、ゴルビーを見習って、八匹の赤ちゃんを産んだ。私は絹子さんを見習って、一ヵ月半、たまと一緒に八匹の子犬を育てた。それはそれは私の人生の中ですばらしいデキゴトであった。たまは産んだその日から、りっぱなお母さん犬になった。一匹ずつもらわれていくたびに私はマジで泣いた。あんまり感動したので、つぎの年、私は人間の赤ん坊を思わず産んだ。

たまは放し飼いである。「好きな時に好きなところにいていい」という贅沢《ぜいたく》な暮らし。うらやましい。あーうらやましい。でもすこしだけ「たまちゃんダメ」の決まりがある。
ソファの上に乗ってはダメ（ときどきそーっと乗ってる）
テーブルの上のものを勝手に食べてはダメ（ときどきそーっと食べてる）
畳の部屋に入ってはダメ（ときどきそーっと入ってる）
小さい子に急にじゃれついてはダメ（つい近づいて泣かれて、しょげる）
ウンチとおしっこは外でする（これは大丈夫）
家のヒトに行き先を言わないで遠くに行ってはダメ（ときどき姿が見えない）
こんなもんかしら。はー。
犬の寿命が人間よりずっと短いことは、みんなうすうす知っている。お母さんのゴルビーも死んでしまった。ある日、台所にたまが現れなくなったら、私はどうしたらいいのだろうと、今から途方に暮れてしまう。ダンナも子供たちもこの無口な毛もじゃのたまがいなくなったら、どんな顔をするんだろうと考えると、今から泣けてくる。
泣いてばかりもいられないので、すこしだけたまを抱きしめた。

そこの神様

沖縄へ行った。能登に自分たちの家を建てて、とても気に入ってるのだけれど、欲張りな私たちは「南の島にも自分たちの小屋があったらいいなあ」とのんきなことを考えた。するといきなり、石垣島に住んでる人と知り合い、「とにかく一度来ればいいさー」ということになる。

そうやって、初めてダンナとふたりで行ったのは、もう十年も前のこと。最初に石垣島へ渡って、その知り合いになった方にいっぱいお世話になり、すっかりいい気持ちになって、なんでこんなにいい気持ちなのかよくわからないけれど、うっとりとして、食べ物がおいしいせいじゃないかといろんなものを食べまくった。そしていい気持ちのまま帰りには本島に寄って、織物をしている上原《うえはら》美智子《みちこ》さんを訪ねた。

上原さんはニコニコと、まずは定番コースの那覇の公設市場に連れて行ってくださった。市場の二階の食堂で沖縄料理のおいしいモノをつぎつぎ注文してくれて、やっぱりぱくぱく食べまくった。ソーキそば・ラフテー・ミミガー・ナーベラー・ゴーヤチャンプルー・フーイリチー・ジーマーミー豆腐……。それからご自宅におじゃまして、こんどは沖縄の甘いものをごちそうになった。もうほんとにおいしくって、食べまくった。紅芋のお菓子・くずもち・サーターアンダギー……。かっこいいご自宅の隣に赤瓦《あかがわら》のあった工房があった。ここで、上原さんのつくる、トンボの羽のように透き通った美しい布が生まれるのだ。

「ねえ、赤木さん。もう少し別のところへ行きましょう」

「はい。お願いします」

車で走る。方向音痴《おんち》の私はどっちの方角に向かっているのかも気にせず、すっかり観光気分だった。海辺に着いて、上原さんに促《うなが》され、私たちも歩いていくと、

「ここはウタキと言うところなんですよ。神様の降りるところ。ほら女の人たちがお祈りしてますよ」

ふーむ。確かに三人の女の人が何か重箱にごちそうを詰めてお供えしているような、

なにやら火をつけて煙が上っていた。

「お墓参りみたいなものですか」

「お墓とはちがうからねー。ほら、あそこに見えるのが久高島《くだか》。あの島に神様がいて、島が見えるところにウタキがあるのかな」

勉強不足の私には、さっぱりわからないけれど、この巫女《みこ》さんのような人たちがお祈りしているところは、大きな石で囲ってある、祠《ほこら》のような小さな空間があるだけで、ほかには、偶像も神体も何もない。なんにもないところが、なんだかいいなと思った。

「つぎに行きましょうか」

またまた何の説明もなしに車で走る。こんどは森の入り口のようなところに着いて、「斎場御嶽（せぃふぁうたき）」と書いてある。ここもウタキなんだなあ。あらら。上原さんとダンナはズンズン進んでいる。置いてきぼりにならないようにしなくっちゃ。そう思って、森の中の珊瑚《さんご》の石畳の道を歩いていく。

それは一歩目からだった。いきなりまわりの空気がドローンとしてきた。水の中を進んでいくよう。なんだなんだ。風が木の葉を揺らす。ざわざわざわーっと、あちこちからものすごい音が波のように打ち寄せる。ドロンドロン、ごわんごわんの中をどうにか歩いていく。気持ちが悪いわけじゃない。いろんな感覚が鋭くなって、光もキラキラしている。手のひらで捕まえられそう。いい気持ち。

やっとみんなに追いついた。ダンナにこの状況を伝えたいのに声が出てこない。

「ほら。ここから久高島が見えるよ。琉球の王様がここを祭場として、久高島の神様を拝んだの」

上原さんが話してくれる。私はやっぱり声が出なくて、頷《うなず》くだけ。このウタキの聖域は、ごつごつした巨大な岩の割れ目のようなところに石が積んであったりして、やっぱりほかにはなんにもない。なんにもないのに何かがあるところ。私は思いきって、深呼吸をしてみる。水の中にいるようなドローンとした感じはもっと激しくなっていた。声が出ない。まわりの風の音が、耳を押さえたくなるくらい響いてくる。でも気持ちが良くって、フワフワしている。一歩一歩足を交互に出して、どうにかして、また車のところまでたどり着いた。

するとと、催眠術から覚めたように、急にフツウの空気に戻って、からだがぐっちゃりとして、今にも寝てしまいそうだった。

「トコちゃんどうしたの」

ダンナがやっと聞いてくれた。

「なんかすごいことになってた。まるでドラッグでも吸っちゃったみたいで」

声が出るようになった私は自分が変になってしまったことを説明した。すると、上原さんが、

「私はね、普段ちっとも霊感みたいなものがないし、そういう経験がまるでないんだけど、ここに来ると、ここに入ると、そうねえ、まるで赤ちゃんに戻って、お母さんのおなかの中にいるみたいな、海の底にいるみたいな気持ちになるのよ」

「わあ。私もおんなじ感じです」

「やっぱり。私はそれがものすごく気持ちがいいから、もしかしたら、赤木さんたちもそんなふうになるかしらと思って、ここに連れてきたんです」

そうか。私も気持ちが良くなれてよかったんだ。それにしても、ウタキというところ

で私は何を感じたんだろう。その場所のエネルギーをからだが感じ取ったのだろうか。神様と言われている何かの力に包み込まれたんだろうか。そんなことを考えながら、あっという間に帰りの車の中でストンと寝入ってしまった。

石垣島の明るく濃く力強い森を見て、そこに暮らすヒトビトや土地に、まだ野性の人間の持っていた力が残っているような気がした。美しいところというだけじゃすまされない、島全体に何かが充《み》ち満ちている。例の久高島には、「のろ」といわれる神事を司《つかさど》る女性の司祭がいたのだが、今では跡を継ぐ人がいなくて、絶えてしまったと聞いた。それでもまだ、きっと、そこかしこにいる土地の神様と繋《つな》がっているヒトビトがいる。

能登に帰ってくると、しっとりとした山にちらちら雪が降っていた。本当に美しいなあと感じた。ウタキに行ってから、私の中の何かが少しだけ変わった。この奥能登の山の中にもまだ「やまの神様」がいるのかもしれない。

かっこいい

川上弘美《かわかみひろみ》の小説『センセイの鞄』が大好きである。もうおじいさんであるセンセイとツキコさんの恋のお話。おかげでそれから「じいさん」がいいなあと思っている。もちろんカッコイイじいさんがいいなあと思っている。

「じいさん」なんて言ったら怒られちゃうけれど、「カッコイイおじさん」なら、私のまわりにいるのである。今数えてみたら三人いる。やった。でも、どれもこれも一筋縄《ひとすじなわ》ではいかない「じいさん」、いやいや「おじさん」なのです。

まずは、ヨーガン・レールおじさん。「ヨーガンレール」というブランドのデザイナー。初めてヨーガンおじさんの仕事場、つまり株式会社ヨーガンレールの本社へ行った時は楽しかった。四階建てのビルの入り口のドアを開けると、横に大きなカゴが置いてある。紙がべろーんってあって、「郵便物はこの中へ入れてください」とか書いてある。

「変なの」と思いながら、階段を上ってみる。広い踊り場には、たぶんアフリカかインドネシアの木のベッドとかベンチがポロンと置いてある。いきなりそこで寝そべったりしてみる。いいなあこれ。その左側に広い部屋があって、そこがこの会社の社員食堂だった。その日はこの「社食」でごはんをいただくことになっていたのだ。なんだかいいにおいがしてきたぞ。あ。ヨーガンだ。

「こんにちは。ねえ。お昼ごはんを食べに来たよ」

「そうですか。どうぞ」

どこまでもそっけない。食堂には、ヨーガンレールデザインの丸や楕円《だえん》のテーブルが広々といい塩梅《あんばい》に置いてある。ところどころに、にょっきり植物が生えていて、私はすっかりウキウキしてしまい、食堂中を歩き回っている。

「へえー。社食がこう来ますか。メニューはどう来るんでしょう」などと訳のわからんことを言っていると、厨房から、大きな鍋が運ばれてくる。ご飯や器やお箸《はし》、漬物やすりごま、梅干しが並ぶ。みんなが並んでいるので、私もヨーガンと一緒に仲間に入れてもらう。ご飯は玄米か黒米《くろまい》。好きなだけよそって、ごまや菜っぱもたっぷりのせちゃう。それにみそ汁かスープ。自分の好きなテーブルに運んで、おかずのプレートをもらいに行く。楕円のお皿に五種類くらいのベジタリアンなお総菜がのってる。

「ねえ。すごくおいしいね。こんなごはんなら、私もここで働きたいくらい」

「そうですか。それはヨカッタです」

やっぱりそっけないけど、顔はうれしそう。なにやら厨房に入っていって、料理人のヒトに私を紹介して、厨房の中を見せてくれた。けっこうやさしいのである。

そしてつまりは、社食の昼ごはんなのに贅沢なのである。「ゼイタク」と言っても、豪華な食事という意味ではぜんぜんない。ヨーガンおじさんの好きなモノしか使わない。ヨーガンおじさんの好きなモノしか作らない。私はフツウのオフィスとか、会社の社員食堂とかにはほとんど行ったことがない人生なのでわからないけれど、たぶん、こんな「社食」はほかにないと思う。みんな学校の給食や大学の学食と似たり寄ったりじゃないだろうか。ヨーガンおじさんが「玄米菜食」を好んでいるのは知っているけれど、会社のごはんもこんなふうにしてしまうとは、お見事である。ご飯はココナッツをくりぬいたお椀《わん》によそう。汁物を入れるボウルやおかずをのせるお皿も「ヨーガンレール」オリジナルの焼き物。もちろんライセンスグッズのようにロゴ入りの量産モノではないぞ。素材も気持ちの良いものばかり。この食堂のスペースにしても、テーブルにしても、眺めれば眺めるほど、唸《うな》ってしまう。理想的で気持ちいい、そしてちょうどいい。

ヨーガンおじさんはよけいなドアの取っ手やノブが嫌い。だからこの会社のほとんどの大きなドアには、取っ手も何も付いていない。私は調子に乗って、その日、三回ぐらいトイレに入ったり出たりしてしまった。そうか。会社でもオフィスでも何でも、自分の好きなようにすればいいのだ。それはわかっているけれど、みんな簡単にはできないし、ほどほどに気持ちの良いものを選んですませてしまうのだろう。ヨーガンおじさんは当たり前のことをしているだけ。自分の気持ちの良いものしか使わない。欲しいモノがなければ自分でつくってしまう。

「私は欲しいモノがないですから、買い物はしません」

「そうなの。でもこんどほかのデザイナーのお店に一緒に入ってみようヨー」

「これはお砂糖が入ってますから、私はいりませーん」

「えー。すっごいおいしいのに。このチョコレートも、私が食べるね」

「わ。うまそ。ねえ、この青椒肉絲《チンジャオロースー》見てみて。お肉入ってるけどヨーガンも『おいしそーだな』とか正直思ってるでしょ」

「ぜんぜん思いませんよ。こっちのキノコのほうがおいしいですから」


私たちはいつもこんな感じ。私も好きなことを言っている。そうそう私より、ウチののんちゃんのほうがヨーガンおじさんとは仲良し。一緒にお風呂に入る仲。よくわかる。ヨーガンおじさんはオトナの人間より、子供や犬のほうがウマが合う。能登に来た時には海岸で石拾いに夢中になる。南の島に家を建てて、広大な土地にあらゆる種類の植物を自分の手で植え続けている。私も少し子供が残ってるから、きっと一緒にいても楽しいんだと思う。会社のオトナのヒトビトは、この頑固《がんこ》なおじさんに苦労しているみたいだけれど、私にとっては子供みたいでカッコイイおじさんです。

かっこいいのつづき

二十一年前。私の勤めていたギャラリーあてに一枚の展覧会のＤＭ（ダイレクトメール）が届いた。それを手に取ったとたん、目の前がぱーっと明るくなったのを今でも憶えている。それは、「古道具坂田」の『ドゴン族のはしご展』の案内だった。

私はその頃、悶々《もんもん》としていた。企画展を、ずっとおもしろいと思ってやってきたけれど、このところなんだかワクワクしない。現代陶芸の新しい作家として、器ではなくて、オブジェといわれるモノをつくっている人たち。私がすべきことはもっと違うことなんじゃないだろうか。もっと別のモノを探して紹介すべきなんじゃないだろうか。同じような企画展をするギャラリーも増えてきて、私はすっかりイヤになってしまって、そして、苛々《いらいら》としていた。

そこへやってきたこのＤＭ。静かなモノクロの写真。大きな丸太に階段状のだんだんを削ってつくってある、はしごが写っている。これがボンボンと並んでいる展覧会なんて、想像しただけですごかった。絶対に行かなくちゃ。行かなくちゃ自分がだめになっちゃうような気さえした。

古道具坂田。そこは小さな店だった。はしごが並んでる。やっぱりたくさん並んでる。私の想像の図よりずっといい。当たり前なのだ。ガラスの引き戸を開けると、板の間の四角い部屋。その奥に畳の部屋が一段上がって付いている。あまりの思いこみの激しさに、展覧会の初日にはからだが固まって行けなかった。バカである。私が命がけでやっとお店に入れた時には、何十本かあったはしごのほとんどが売れていた。

その日初めて、ご主人の坂田和實《さかたかずみ》さんに会ってしまった。坂田さんはほかにもお客さんがいたのに、私にたくさんお話ししてくださった。私の、きっと訳のわからない興奮しまくった話もちゃんと聞いてくださった。そして私は救われた。こんなコトをもう十五年も前からやってる人がいる。既成《きせい》の概念や、誰か偉い人が付けた価値観にとらわれることなく、自分の好きなモノ、自分が美しいなと思うモノを見つけてくる。そしてみんなに、どうですか、こんなモノ。……と静かに見せる。『アフリカのフォルム展』『西アフリカの土偶展』『デルフトの白釉《はくゆう》展』『李朝《りちょう》の瓦《かわら》展』……つぎつぎに、でもしっかりと展覧会が続いている。

私は二十歳の時に一ヵ月間インドに行ってきた。ものすごい国だった。ウシや豚と人とか、土とからだとか、生きるとか死ぬとかがみんな近い国。境界線が薄いんだと思った。貧乏旅行でずっとおなかは壊れっぱなし、五キロも痩せて帰ってきた。メチャメチャ大変でおもしろい旅だった。そのあとの生き方の素《もと》になるような旅だったと思う。何か私の中の煉瓦《れんが》の壁が、ガラガラと崩れたような音が聞こえた。

日本に帰ってきて、町を行く人たちはみんな頭でっかちで、ずいぶんと地面から遠くを歩いているように見えた。自分は自由で、柔軟で、解放されてると思っていた。インドに行って、小さな自分やつまらない価値観に気がついたから。でも。仕事に夢中になって、知らないあいだにまたまた小さな渦巻きの中に吸い込まれてしまったのだ。頭でっかちになって。

あー。坂田さんに会って、「古道具坂田」に出会って、本当にヨカッタ。こんどは私の中の何かが膨《ふく》らんで熱くなってきた。

あれから二十一年のおつき合い。奥様の敏子さんはお洋服のデザイナー。敏子さんの「mon Sakata」の服は、私たちは夫婦で毎日のように着ている。そういえば、坂田さんは冬は同じセーターをずっと着てるし、暖かくなると同じTシャツをずっと着ている。てろてろなんだけどいい感じ。やっぱり敏子さんのつくる服は坂田さんがいちばん似合う。

今では若い人たちが、ほんとうに力をぬいて、古くても新しくても、自分の好きなモノを並べて、かわいいお店をたくさんやっている。私も東京にずっと暮らしていたら、そんな自分の店を始めていたかもしれない。前に坂田さんが「トコちゃんも道具屋をやらないか」と酔っぱらって言ってくれたことがある。そのあと坂田さんは道端で寝ちゃったけど、私はすごくうれしかった。こんな田舎《いなか》に暮らし始めた私に、すっかり三児の母になってしまった私に、そう言ってくれたのだから。

この頃は「古道具界のカリスマ」なんて言う人がいるらしいけど、私にとって坂田さんは、いつでもてろてろに柔らかくて、鋭くて、カッコイイおじさんです。

お気に入りの道具⑥
右／上泉秀人さんの湯飲み。
中／キム・ホノさんの汲み出し。
左／小野哲平さんの小鉢。

かっこいいのつづきのつづき

奥能登に移り住んで十八年。季節ごとの美しさには飽きることがない。年を重ねることに確信に満ちてくる想い。美しいところに住んでるんだなあ。よかったなあ。と単純な私は手をたたいてよろこぶ。たまたま選んだこの土地が中途半端な田舎《いなか》じゃなくって、私たちは運がいい。この日本海に飛び出た半島の山の中には、独自の文化が残っていて、暮らしがこのまわりだけで完結しているような、豊かさがある。山も海も美しい。昔から変わらない「あての木（あすなろ）」を使った木造建築が続く集落。まだ新建材の新しい家が入り込んでないのだ。半島なので山がそれほど高いわけでもなく、森がそんなに深いわけでもない。それなのに「やおよろずの神様」がいるような気配。私はここに暮らすことで、実は大昔から私の細胞の中にうっすら残っていた本能が呼び覚まされるような気がする。

そしてこの能登半島のハジッコに、とっておきのもうひとりのカッコイイおじさん、角偉三郎《かどいさぶろう》さんが住んでいる。偉三郎さんは私が東京のギャラリーにいて、その名を知った時にはもうすでに、漆芸家《しつげい》として「スゴイ人」だった。でもそのスゴイ人のつくったお椀《わん》も、顔も見たことがなかった。

ただ、「ゴウロクワンというお椀をつくるらしい」「手で漆《うるし》を塗っているらしい」「頭が禿《は》げてるらしい」そんなスゴイ人だと聞いていただけだった。ダンナは東京の髙島屋での展覧会を見ていて、偉三郎さんのすごさに感動していた。その展覧会が、ダンナが仕事を辞めて「漆の職人になるぞ」と決心した大きなきっかけになったんだと思う。

初めて輪島に来た日に会いに行った。初めてお話しした時から、深いヒトだった。

私たちのことを気にかけてくれて、輪島の旅館に泊まっていたら、夜、寿司屋に呼び出された。もうだいぶお酒が入っている。お酒好きのダンナはウレシクテたまらない。輪島のこと、職人さんのこと、偉三郎さんの仕事のこと。たくさん話してくれる。その話が私にはオモシロクテたまらない。別に冗談を言うわけじゃない。「これ」のことを話しているのだけど、「あれ」や「そっち」や「アソコ」のこともいっぺんに言っているのだ。独特の言葉を使って、深い話を簡単に言ってのける。その日から私は偉三郎さんの話が聞きたくてたまらなくなる。ミャンマーの話、合鹿椀《ごうろくわん》のこと、文化人類学者レヴィ・ストロースが輪島にやってきた時の話、日展で特選をとった頃のこと、バーナード・リーチが訪れた時に、案内してまわったこと、むかし輪島の仲間で始めたギャラリー「蔵」の話、ブータンの話、若い頃に学生運動を見にリュックを担《かつ》いで、新宿に行ったこと、ニューヨークのこと、たくさんの職人さんのこと、そして、漆のこと。たくさん聞いたけれど、もっともっと偉三郎さんの言葉を聞きたいと思う。

私たちが能登に引っ越してきてからは、夜中にタクシーで酔っぱらって現れたりした。うちでさらに飲んでみんな床でぐーぐー寝てしまう。酔っぱらうと鼻くそをほじったりして、頭をたたいたりして、子供のようで。私はさらにうれしくなってしまう。

夜、電話がかかってくる。

「いやぁ。五十三歳にして初めてニューヨークに行ったっちゃ」

すでにコーフン気味である。

「すごいところやった。私と鯉江《こいえ》（良二《りようじ》）さんと、一緒におじさん同士で街を歩いたンやけど、まあ、わくわくっていうか、自分でコーフンしてるのがわかる。熱くなったねえ」

「いいなあ。私たちはアメリカに行ったことがないですヨー。やっぱりヨカッタですか」

「その後ブラジルに行って、出会ってしまったというか、ねえ」

ひとりで夢中になっている。

「え。偉三郎さん、何に出会ったんですか」

「まあ、二ヵ月ぐらいかかるらしい。こっちに着くまでには。これがまたスゴイげっちゃ」

何がなにやら、さっぱりわからない。どうやら、ものすごく大きな棚と、ものすごく長い長持ちをブラジルで手に入れたらしい。偉三郎さんは初めて会った時から、六十代になった今でも、ずっとこうして感動する人である。こんなに人を感動させるものをつくってる人なのに、いつでも柔軟に素直にモノを見ることができる。会うべき時に会うべき人間に出会い、しっかりと何かを受け取ることができる。

「なかなかほかに話を聞いてよろこぶ人がいないんです、これが」

すこし寂しそう。

「そんなことないです。輪島の職人さんだって話を聞きたいと思います。ニューヨークの話。偉三郎さんがしないで誰がするんですか」

力いっぱい言った。

沈金《ちんきん》作家として、日展で特選もとり、注目されていた時にばっさりとその世界から抜けた。苦しい時、考える時があって、柳田《やなぎだ》村の合鹿椀にあらためて出会う。それは、奥能登の木地師《きじし》の村、「合鹿」にあって、大ぶりのおおらかな椀木地に一回だけ漆をがっと塗っただけの椀。ただそれだけのお椀が偉三郎さんの心に沁《し》みた。

それからは、角偉三郎のお椀の世界がのっしのっしと広がっていく。自分の手で漆を塗るだけではない、刷毛《はけ》で塗る、漆を垂らす、ボロ切れで塗る……。だけど、輪島の伝統的な職人さんたちにはなかなか認めてもらえない。それでも偉三郎さんはどんどんつくる。そして、実は輪島の職人さんの底力をいちばん理解している。上手にその力を引き出して、輪島塗のものもたくさんつくる。

「あなたのいちばん好きな姿にしてください」と、木地師・曲師《まげし》(＊13)・塗師《ぬし》・上塗り師《うわぬし》、それぞれに言うらしい。上手だなと思う。そう言われれば、職人さんは「好きな形」について考える。嫌いなものはつくれなくなる。そうしてつくられたものの中で、私は「曲輪六段重《まげわろくだんじゅう》」が好き。楕円《だえん》の堂々とした形。アジアの漆なるものも感じる。美しい深みのある漆。それぞれの段に帯があり、錫《すず》が蒔《ま》いてあったり、無地の溜《た》め塗りであったりする。どの色の曲輪六段重もすっくと立っている。静かに、いちばん上の蓋《ふた》に沈金の絵のあるものがある。偉三郎さんの沈金。ブータンの山と家が何気ない線で彫られている。

「このごろ、十万個のモノをつくりたい、と思うんですわ。十万個という数が自分の中にある」

偉三郎さんが突然言い出した。

「十万個はスゴイ数ですね。それは」

「今までにずいぶんいっとるから、そう遠いことではないと思う。数をたくさんつくるということがしたい。そういうこっちゃ」

「偉三郎さん元気ですね」

この日本海に飛び出た半島のハジッコにすごいヒトが生まれた。私は、輪島に偉三郎さんがいるから、いつも心がよろこんでいるような気がする。ずいぶん長い間会えない時もある。でも、私がこの奥能登が好きな理由の大きなひとつなんだなあと気がつきました。深い深い、カッコイイおじさん。

＊

この文章を書き終えて、二ヵ月後。平成十七年十月二十六日。偉三郎さんが亡くなりました。自分で立っていられないくらい、涙が出て、ほとほと困っていたけれど、子供たちとごはんをパクパク食べたり、お茶を淹《い》れたり、フツウのことを毎日していたら、泣かずにいられるようになりました。

「ありがとうございました。私はここにちゃんと立っています」

＊13　曲師―木地師の中で、曲げ物（ヒノキやアスナロなどの木を薄い板にして輪にし、底板を付けてつくるもの。おひつやお弁当箱、お盆などが多い）を専門とする職人。

年季明け式

平成十六年十一月。ダンナが独立をしてから、初めて、ウチの弟子《でし》が年季明《ねんきあ》けをした。鎌田《かまた》君。二十三歳の時、初めはアルバイトとしてやってきた。輪島の漆芸《しつげい》研修所に通いながら、ウチで仕事を始めた。その頃は夜もみんなで仕事をしていたので、夜ごはんを一緒に食べると、おいしいと言ってたくさん食べてくれた。途中から正式に弟子として通い始めて、四年。朝から晩まで漆《うるし》の仕事をし続けている。

輪島で「年季明け式」と言ったら、結婚式の披露《ひろう》宴みたいなモノだ。徒弟《とてい》制度がしっかりと残っていた頃は、弟子は羽織袴《はおりはかま》を新調してもらい、親方と親子の杯《さかずき》を交《か》わし、お世話になっている方々に披露をして、最後には提灯《ちょうちん》を下げて通りを練り歩いたそう。最近はその主なる「弟子」自体がすっかりいなくなってしまったので、トンと見られないものになってしまった。ダンナの年季明けの時は、岡本の親方とも相談して、親方の家で、正円寺《しょうえんじ》のご院主《いんじゅ》様だけをお呼びして、静かなものにしてもらった。お座敷で、お母さんにお酒をついでもらい、親方と固めの杯を交わした。そばで見ていて、しみじみとうれしかったのを憶えている。平成五年の春。

あれから十三年。ダンナは独立をして、自分の仕事場を持ち、個展をして、「ぬりもの」をつくり続け、なんだかいつも走り続けている。いつのまにか弟子も持つようになってしまった。こんな若輩者《じゃくはいもの》でも弟子をとっていいのかと、いつも私は思っているのだけれど、「漆の仕事をしたい、ぬりものをつくる人になりたい」という若い子がいれば、その手助けができればいいと思う。ダンナも何か特別なモノを教えることができるわけじゃない。それでも私たちがしてきたことは見せてあげることができる。親方に私たちが世話になった分、同じようにはいかないけれど、何かできればいいな。うん。

そして、無事に二十七歳になった鎌田君。昼ごはんと夜ごはんを四年間ウチで食べ続け、年季明けである。

輪島のお蕎麦《そば》屋さんの座敷を借り切って、三十人ほどのお客さまを呼んで、どうにか年季明け式をすることとあいなった。私は親に振り袖を買ってもらって以来の自分の着

お山の紅葉は本当にきれい。19年前、初めて来た能登で見たのも秋の風景。

去年初めて小豆を育てた。収穫した小豆は煮て、百ちゃんの好物「小豆入りタピオカミルク」に。

物を（ダンナに）買ってもらい、とにかく年季明け式にはおかみさんとして、その風格はまるでないので、着物を着てごまかす作戦に出た。数年前にあった、木地師《きじし》さんの年季明け式のビデオを見て、みんなで予習。司会進行は一年おとうと弟子に当たる小林君に任せた。受付は、職人として、もう十年ウチに勤めている千木良《ちぎら》さん。その他いろいろ係として、新弟子一年目の猪狩《いがり》君。固めの杯の時にお酒をつぐ娘役として、高校生の百《もも》が私の若い頃の振り袖を着て登場。さてさて。

東京出身の鎌田君は、山形の美大を出て、輪島の漆芸研修所にやってきた。ご両親としてはどんな想いで遠くから見守っていらしたのだろう。この日はご両親と、浅草に住んでいるおじいさままで、駆《か》けつけてくださった。ほかには、輪島でお世話になってる職人さん、私たちの友達で鎌田君が弟子に入った頃から知っている人たち、鎌田君の若いお友達、そしてもちろん岡本の親方、みなさん快く年季明け式に足を運んでくださった。

私もダンナも輪島に来てから初めての着物姿で、なんだか自分の結婚式のように、ううん、きっと自分の子供の結婚式のようにドキドキしていた。挨拶があり、乾杯の後、固めの杯をみなさんの前で交わした。練習どおりコトが進んで、つぎに鎌田君が挨拶をした。堂々として、素直な鎌田君らしい、まっすぐな挨拶だった。この四年間、私は全力疾走で走り続けるダンナについて行くのが精一杯。自分の子供も三人いて、弟子と職人さんが常に四人通ってくる。毎年の展覧会は憶えきれないほどになり、雑誌の取材も毎月のよう。研《と》ぎものの仕事も全開だった。取引先や知り合いもまりまり増えて、訪ねてくる人もズンズン増える。そんなゴッチャリとした私の毎日の中でも、「鎌田君がどうにか四年間がんばってくれるといいなあ、独立するまで、見ていられたらいいなあ」と、いつも休憩時間に外で煙草を吸ってる鎌田君を見ながら、ボンヤリ考えていた。

輪島のおめでたい儀式には付き物の歌がある。「まだら」といって、ずっと受け継がれてきた格式ある歌である。独特の手拍子《てびょうし》に乗せて、おめでたい歌詞を節《ふし》に合わせて、長ながと伸ばして歌う。私たちにはチンプンカンプンだけれど、大事に歌い続けている職人さんたちにお願いして、その日も歌ってもらった。張りのある歌声とみんなの手拍子がお座敷に響き渡った。「まだら」の間はきちんと足を直し、姿勢を正して聴くのである。気持ちがいい。歌い手さんはどの人もほんとにいい顔をして歌っていた。鎌田君も今日は本当に幸せそうな顔をしている。

鎌田君のご両親の席に挨拶に行った。

「鎌田君は仕事もていねいだし、しっかり技術も身についてきました。でも独立して、ひとりでやっていくのは本当に大変なことだと思います。どうぞお父さんたちも応援してあげてください」

と私たちが頭を下げると、

「いえいえ。あの子は自分の好きなことを見つけて、それを仕事にしていこうとしているんですから、幸せだなあと思って見ていますよ。これから先もほんとに楽しみなんです。今日はこんなにりっぱな式をしていただいて、本当に驚いています。ありがとうございました」

とお礼を言われてしまった。そんな。こんな頼りない親方とおかみさんでスイマセン。と心の中で何度も頭を下げた。あらあら、すっかりみだれてしまった着物の裾《すそ》も直さなきゃ。

さてさて。お酒もまわって、みんないい気持ちになった頃、とうとう最後の挨拶となった。ここは「親方」が締めくくらなくては。さー。がんばれー。私も隣に立つように促《うなが》され、うつむき加減で横に立っていた。ダンナがお礼の言葉を言い始めた。だんだんと胸が熱くなってくる。向こう側に座っている岡本の親方の顔が見えた。あー。岡本の親方がいて、私たちがここまでやってこられたと思う。まわりの職人さんたちが受け入れてくれて、ぬりものの仕事を続けてこられたと思う。たくさんの友達が応援してくれて、奥能登の暮らしも成り立っている。千木良さんもずっと助けてくれている。そして鎌田君が前向きにがんばってくれた。そんなことがぐるぐると頭の中に浮かんできては、ぽたぽた涙がこぼれた。ぽたぽたがなかなかとまらなかった。

おきゃくさま

朝一番にテラスの大きな窓を開ける。テラスになにやら模様が描いてある。ニョロニョロしてるけどなめらかな曲線じゃない。よーく見てみると、カタツムリがテラスに生えた苔《こけ》を食べて歩いた跡だ。私はずっとその跡をたどってみる。

畑の中にコンポストがある。生ゴミを入れて土をかぶせておく。それを繰り返して寝かせておくと、半年くらいでいい堆肥《たいひ》のできあがり。今日も生ゴミを入れたバケツを持ってコンポストの木の蓋《ふた》をあけた。わっ。中に茶色の小動物が座ってる。お互いにビックリして、目を丸くしてしまった。私は口が開いたままである。つぎの瞬間その茶色いモノはぴょんぴょんぴょんと向こうへ行ってしまった。

「お母さんはコンポストでウサギを飼っている」としばらく子供たちに自慢していた。

暖かくなると家中の窓を全開にする。いろんなモノが飛び込んでくる。春の初めはツバメの夫婦。申し訳ないけれど、毎年出て行ってもらう。家の中に巣を作られてはこまっちゃう。さっきから、パタパタと何かがまた居間の天井を飛び回ってる。小鳥さん。変なところに入ってきてしまって、後悔してる感じ。あっちこっちにぶつかっちゃうよ。あれ。よく見るとクチバシが長い。やや。背中があおい。むむむ。もしかしてこれは「カワセミ」じゃないの。

「きゃ。みんな来てきて」

コーフンして仕事場のみんなを呼びに行く。きれいな谷川の近くにいて、川魚を捕まえて食べるあの美しい鳥。ウチの中で見られるなんて……。ごほうびをもらったみたいにうれしかった。

散歩をしていて山繭《まゆ》を拾った。きれいな若草色で、しばらくテーブルに飾っておいた。みんな手にとっては振ったりする。カラカラ音がした。一週間くらい過ぎた頃。夜遅くたまたまダンナとお茶を飲んでいた。何気なく繭のほうに目をやって驚いた。羽化《うか》してる。まさか生きてるとは思っていなかった。それから三十分。釘づけになって巨大で美しい「ヤママユガ」が登場するところを見ていた。ゆっくりと、でもあっという間に繭から出てきては、羽を広げた。斬新《ざんしん》なデザインの美しい羽、ビロードに覆《おお》われたようなボリュームのあるからだ、触角も小さな鳥の羽のよう。いま現れたばかりのこの生き物にうっとりしてしまう。それからそーっと外のテラスに出してみた。するとあっという間にメスが飛んできて、なんと朝までには卵を産んでいた。めくるめく蛾《が》の人生(?・)にすっかり感動した。

雨が降った夜。勝手口から外に出ると、大きな固まりが動くのが見えて、ドキッとする。ヒキガエルの「がま吉」である。その大きさに初めはたじろぐが、よく見るとほんとにカワイイ。私が見つめているのを知ってるのか、じっとして動かない。私の手ぐらいあるかなあ。その見事な大きさに見とれてしまう。のんちゃんが後からやってきて、「あ。お母さんのがま吉」と言ったら、のそのそと歩いて床下に行ってしまった。またね。

朝早く目覚ましで起こされた。五時半。ボーッとしてベッドから窓の外を見た。あら。すぐ目の前のケヤキの木の枝に「キョロちゃん」がとまってる。大好きなおやつ「チョコボール」のキャラクターだ。寝ぼけているので、大きなクチバシを見て、当たり前のようにそう思ったのだ。すこし変だな。目が覚めてきたのでわかる。からだもクチバシもはっきりとしたオレンジ色。あっ。息をのむ。キョロちゃんじゃない。「アカショウビン」だ。やっとそこで、すごいことだと気がつく。大変だ、こっちを見てる。なんだか片思いの男の子に見つめられてるように、すっかりあがってしまう。そーっと外へ出て確かめた。やっぱりとまってる。深呼吸をしてもう一度、下から見上げると、もういなかった。鮮やかな赤い鳥は幻のよう。しばらくボーッとしている私。

よく女性のお客さまには「私はへびが苦手だから……」とか、「智子さんは虫が平気なんですね」とか言われてしまう。えーい。私だって、マムシは怖いし、ムカデは見ただけで涙が出てくるし、苦手な虫だっているのだ。でも、蜘蛛《くも》がどんなにして、ダイナミックな巣を張るのか見ているのは楽しい。見れば見るほど上手にできている昆虫たちに夢中になる。緑色の雨蛙やビロードの毛皮のモグラはペットにできないかなと思う。狸《たぬき》の親子が道を歩いていたら、挨拶したくなる。

ウチには様々な生き物がやってくる。ううん。やってきたのは私たちのほう。内屋《うちや》の集落からさらに一キロ奥のなんにもないところにやってきて、ゴジラのように破壊しまくり、コンクリートを流し込み、汚染しまくる私だけれど。やっぱりいろんな生き物を見るのが好き。見つけるのが好き。観察するのが好き。地球のナゾに頭を悩ませながら、見つめさせてもらいます。

あ。今、月がわらった。こんな私を見ているのかな。

踊る赤木家

「ねえ。きょうは踊ろうよー」

高校生の百《もも》が言い出した。たしか去年のクリスマスのあと、仕事納めの日。みんなで仕事場の大掃除をして、お蕎麦《そば》をゆでて鴨南蛮にして食べた。「お疲れさまでした」「良いお年を」そんな挨拶をしてみんなが帰ったところ。

「いいよ。そうしよう」

早速みんなでCDやMDを持ち寄って、我先にかける。百のノリノリのMDからだ。ボリュームをいっぱいにして。いっせいに五人で踊り出す。

百はもちろんノリノリ。

茅《かや》は飛び跳ねて踊ってる。

のんちゃんもうれしくってたのしくって、はち切れそう。

私もすっかりいい気持ち。

ダンナも自分の世界で思いっきり踊ってる。

いつもそう。みんなメチャメチャで好き勝手に踊りまくる。おっ。つぎは私とダンナのお気に入り。映画『髪結《かみゆ》いの亭主』の中でおじさんが踊ってる曲だ。みんなガラッと変わったこの妙なリズムでも、やっぱり好き勝手に踊りまくる。

そういえば最近年をとったせいかな、あんまりやらなくなったけど。よく友達家族と家で飲むと、最後には必ずみんなで踊っていた。子供もまじって、みんないい顔で、踊りまくる。酔っぱらったおじさん、おばさんも楽しくってしょうがない。

子供が小さい頃から、一緒に入れるコンサートには連れて行くことにしている。でも、茅は三歳の頃、やっぱりキチンといすに座っていることができなかった。それは退屈だからじゃなくって、立って踊り出してしまうからだった。仕方がないので、ホールのいちばん後ろのハジッコに行かせて、好きなように踊らせることにしていた。踊るというより、からだが動いてしまうという感じ。

お友達の、つのだたかしさん率《ひき》いる「タブラトゥーラ」のコンサートに連れて行った時のこと。最後の曲でみんなが盛り上がった。赤木家は全員総立ちで踊っていた。ふと見ると、茅がいない。そしてつぎの瞬間、ホールの花道をランニングシャツ一丁の小僧が、いもむしゴロゴロ状態で、いっきに舞台まで転がっていくのが目に入った。どう見てもウチの茅。舞台の真下まで転がって、ムクッと起きあがり、客席を一周して戻ってきた。

「すげー」

口を開いたまま、すばらしい子だと感激してしまった私。

初めてディズニーランドに連れて行った時のこと。マクドナルドの前で、ミッキーたちが六〇年代頃からのダンスナンバーを踊るショーをやっていた。茅とジュースを飲んで休んでいたはずなのに。振り返るとすぐ後ろで、でんぐり返しをしたり、飛び上がったり、ブレイクダンスの変なやつみたいなことを夢中になってやっている小僧がいた。やっぱり茅だった。すでに取り巻きができている。べつに黒人の男の子みたいに上手なわけじゃないけれど、踊らずにはいられないらしい。うーむ。やっぱりスバラシイ。

でも。日本の幼児教育には向いてない体質らしい。保育所に通い出して何年か経《た》った頃、私に言った。

「かやはー、ほいくしょでいやなことがある」

「お昼寝がいやなんでしょ」

「うん。それからー、みんなとおんなじうたをおんなじときにうたわなくちゃいけないしー、みんなとおんなじおどりをおんなじにおどらなきゃいけないこと。それとー、ちゃんとならんでじーっとすわってないといけないいやろー。ほいくしょって」

やっぱりそうだったのか。妙に納得してしまう。でも、この子はこれから小学校へ行って大丈夫だろうか。とすこし心配になった。

かくいう私も。クラシックのコンサートでも気持ちが良くなるとからだが動き出す。たぶん赤ちゃんが寝ているあいだに動き回って、からだのバランスを整えるような、自分のからだの中の「気」をうまく流そうとしているんだと、自分では解釈してる。だけど、どう見てもちょっとあやしい呪《まじな》い師《し》のおばさんのようである。

「他の人に迷惑なので、できるだけじっとしていなさい」なんて注意されてしまう。でも私は三歳の子供じゃないので、ちゃんとからだのスイッチを切って、なるべくじっと静かに聴き入ることもできる。そして、スイッチを入れっぱなしにしておけば、ひとりで家にいても、踊り出す。スーパーで買い物中でもお尻を振ってしまう。

ウチは山の中の一軒家。どんなに大きな音で音楽をかけても、「ワオー」と雄叫《おたけ》びをあげながら踊りまくっても、ご近所迷惑にはならない。ヨカッタ。思う存分こうして踊れる。あらら、犬のたまも飛び跳ねている。いちばん小さいのんちゃんはさっきからうれしくって、笑いが止まらない。汗びっしょりになって、頭が空《から》っぽになるまで、今夜も赤木家は踊りつづける。

朝のコト

朝は苦手。脳みそが半分眠ってる。間違って、お休みの日に近所の人が回覧板を持ってきてくれたりしたら、

「あ。おはようございます。すいませーん」

口は動くのに、目は片目が開いていない。

「ここにおいときますよ」

「はーい」

その人が帰るまで片目のままだ。

大人になったら、いやお母さんになったら、いやいやおばさんになったら、朝はスッキリ起きられるようになるんだと信じていた。大人のお母さんのおばさんになったけど、全然だめだ。でもとにかく子供たちを起こさなきゃ。今日も六時に起きて、パジャマで片目のまま台所に立つ。

まずは鉄瓶《てつびん》でお湯を沸かしましょう。このところ三人の子供たちは「朝ごはんはパンがいい」らしい。ときどき東京からおいしい「ルヴァン」のパンを送ってもらうけど、普段はフツウのパン。オーブンに並べてスイッチを押したら、小走りに子供部屋へ。三本のはしごをたたく。

「朝だよー。学校行くなら起きてー」

また小走りで台所へ。おっと「たまちゃんもおはよう」。

途中で犬とすれ違う。そーれ。やっと片目が開いたみたい。鉄瓶の口からシューって。トトトトトッ。アッサムにお湯を注いで、ミルクティーを淹《い》れる。お気に入りの小さい目玉焼きフライパンで、ソーセージか卵を焼く。ちょっとだけ楽しくなってきたぞ。ここら辺でお弁当用のご飯が炊けてるか確かめる。

「あー。よかった」

ちゃんと間に合ってる。パンも温まったみたい。よしよし。お皿とバターと蜂蜜とジャム。とにかく運んで、

「おはよう。おはよう」

お茶と卵と生野菜。パンはいつも三谷龍二《みたにりゅうじ》さんの木のお皿にのせる。最後にりんごをむいて、ヨーグルト。うー。三人の子供たちは、半分寝ぼけまなこでも、しっかり食べてる。よく学校のプリントなんかに、「朝ごはんは一日の元気のもと。しっかり食べましょう」なんて書いてあるけど、そんなスローガンはウチには不要。どんなことがあっても絶対ごはんは食べる子供たち。

茅《かや》がまだ小さい頃。日曜日にみんなで朝寝坊して、遅い朝ごはんをゆっくり食べた。

「今日はこれで夕方早めの夜ごはんを食べればいいねえ。何食べようか」

私がニコニコ話していると、茅が泣き顔。

「えーっ。きょうはおひるごはんがないのぉ」

完全におこってる。あー。茅にとっては一日にごはんを三回食べないことは、泣くほど悲しいことなのだった。その日は仕方なく「チョロッとお昼ごはん」をみんなで食べた。

学校に行くようになったのんちゃんが一番に出動。大きなランドセルの後ろ姿を見送ってから、よいしょと百《もも》のお弁当作りに突入する。お弁当は本当に楽しい。だからといって特別すばらしいおかずを作るわけでもなく、前の晩からいろいろ用意する気もない。ただ、図工の時間みたいで、毎朝小さい自分の作品をつくっているような楽しさ。あり合わせの材料で、色と形とバランスを考えて、コラージュする。なんだか予想外に隙間《すきま》があいたら、卵焼きに助けてもらう。もちろん味もそれなりにおいしくしなきゃ。かわいくできると何度も何度も蓋《ふた》をあけたりしめたりして、「わあー」って言ってみたりする。

写真に撮りたいなー。そう思った。そこらに転がってた使い捨てカメラで撮ってみた。ずぼらな私がすぐに現像に出すはずもなく、なんかぴんとこない。ダンナに言ったら、「デジカメを買えばいい」と言ってくれた。電化製品が苦手で、なかなかお買い物ができない私も、久々にうれしくって小躍《こおど》りしながらレジに行きました。

「やったあ。デジカメデジカメ」

これで毎日こころおきなくお弁当が撮れる。それでもなにしろ時間との勝負ですから、「はい。チーズ」なんて余裕はなく、お弁当を窓際においてパシャ。はい。包んで

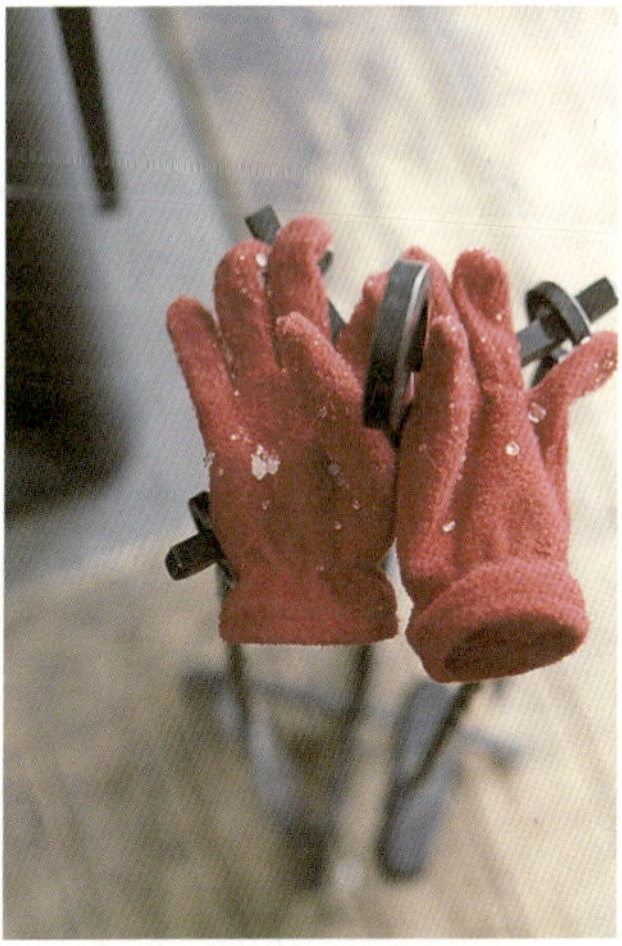

包んで。

「ほれ。いってらっしゃーい」てな感じ。二番目の百に続いて、茅も出動。そろそろやっと頭も目覚めてきた。でもどこかで「これがすんだらもう一度お布団に入りたいなあ」といつも考えている。まだパジャマのままで、こんな甘い考えにはまりそうになった頃、「うるし大王あっくん」ことダンナのお出ましである。ジャジャーン。

ここから、今度は私たちふたりのための朝のコトが始まる。さあ、振り出しにもどって。まずは鉄瓶でお湯を沸かしましょう。はい。

お気に入りの道具⑦
塗師用の箒&ちりとりの原型の「はりみ」。

かわいくておいしい

『おいしくてかわいい』という本を持っている。ページをめくるたびに、

「わー」

よーくのぞきこんでは「いいなあ」とニッコリしてしまう本である。なんてコトはない。おいしいモノがかわいい包みや入れ物に入っていて、かわいい顔をして並んでいるのである。私はこんな田舎《いなか》のお山の中に住んでる中年のおばさんだけど、やっぱりそういうモノに目がない。この本を作った人たちのように、パリへ仕事で行ったり、代官山にチョコレートを買いに行くわけではないけれど。どこでお買い物をするにしても、ついつい おいしくてかわいいモノを探してしまう。


去年、初めてドイツに連れてってもらった。ドイツどころか、私の初めてのヨーロッパ進出であった。今まではアジアが楽しいと思っていた。混沌《こんとん》とした空気。にぎやかな

町並み。はっきりとした食文化。自分が解放されていくのがわかる。でも。ハンブルクに着いた日から、もう私はウレシクテしょうがない。とにかくオトナっぽいのだ。どこを見ても美しい町並み。身のまわりの当たり前のモノのデザインが美しい。みんなが連れている犬まで、おりこうで美しく見える。空港に並ぶタクシーはみんなアイボリー色の無地のメルセデスだ。ついつい「ぴゃー」とか、「すてきちっくー」とか声が出てしまう。ダンナに言わせると、「一緒にいると恥ずかしくて大変な生き物」だったそうだけど。

ホテルの近くの通りにある八百屋さんやパン屋さんで毎日買い物をした。小さいチーズ屋さんの入り口にはウシが飾ってある。

「あれと、これと、このチーズを切ってください」と身振り手振りでお買い物。おばさんが、量《はか》り売《う》りのチーズを一切れずつ紙で包んでくれる。

「ダンケシェーン」

部屋に戻って包みを開けると、うれしくって涙が出そう。どれも無造作《むぞうさ》に包んであるけど、包み紙にはかわいいウシの絵が描いてある。チーズはどれもこれもニッコリのおいしさ。みんなで食べ終わったら、キレイにのばして、ウシの包み紙は何枚も日本に連れて帰ってきた。そんな具合においしいモノだけじゃなくって、トイレットペーパーも箒《ほうき》もちりとりもゴミ袋も、どれもこれもかわいいモノは連れて帰ってきた。

こういう女の人はいっぱいいると思う。もちろん「おいしい」や「かわいい」の基準はそれぞれだから、キャラクターものの缶カンに入ってるクッキーがうれしい人もいて当然。私なんかは妙に偏屈だから、いかにもからだによさげな「オーガニックなんとか」……といえども、かわいくないパッケージだと買いたくなくなってしまう。あー。それにしても、ウチのまわりではうきうきするような「おいしくてかわいい」モノのお買い物は難しい。こうして本をめくっては指をしゃぶっているばかり。

それでも私にはパリや代官山に負けないとっておきのモノがある。

テラスの横に植えた桃の木。春にはそれはそれはかわいい花をいっぱい咲かせて、夏には赤いまあるいかわいいモモがあちらこちらに現れる。

畑に植えたオクラ。スイスイと上へ上へ伸びた茎に、ある日薄い黄色の大きな花が咲き始める。それはそれは顔を近づけたくなるような美しさ。そのあとに例の星形の断面の鮮やかな緑のオクラがにゅっと成る。

川の斜面にわさわさ生えているミョウガ。気持ちいい緑の茎の根元をかき分けのぞいてみると、紅色のミョウガの先が顔を出してる。みつけたみつけた。五つぐらい採《と》って泥を洗って並べてみる。話しかけたくなるほどかわいい。

春に山へ採りに行くワラビ。うぶげが生えててクルクルしてる。カゴいっぱい採った中から、一握り花束のようにしてみる。

みんなみんなヒトがデザインしたわけでもないのに、かわいくてしかもおいしいなんて、なんてすばらしいんだろう。いつも思う。「私もそんなふうになりたいな」って。

まだまだあるよ。私の「かわいくておいしい」モノ。

お気に入りの道具⑧
割れた部分を木で繕った不思議な皿。

いつものこと

ウチでつくっている定番の「汁椀《しるわん》」は一万二千円もする。私が毎日ご飯を食べている薄手の「天廣椀《てんこうわん》」は二万五千円。はー。あらためて考えてみると、ビックリするような値段。でもウチの工房がボロもうけしているわけじゃないのだ。

「ぬりもの」の仕事は本当に儲《もう》かるような仕事ではない。もうしっかり断言しちゃう。ぬりものに限らず、最初から最後まで手仕事でつくるモノは、よっぽど高い値段を付けないと儲からない。だけど、よっぽど高い値段では誰も買ってくれない。

自分でつくったものを買ってもらうということは大変なこと。だって、百円ショップに行くとなんでも揃う。百円でなくてもすこしおしゃれなお店に三千円くらいのお椀がおいてある。それに、塗り物とか漆器《しっき》というとどうしても、「扱いが大変」というイメージがある。そのうえ値段も高いのだから、フツウに使えない人が多いのは当たり前。

「毎日、いつも使ってだいじょうぶ。使えば使うほどぴかぴかになります」なんて、説明しないといけない。そんなこんなを乗り越えて一万円札ともう少し、お財布から出してもらうのは大変なコトである。はー。

それでも今のところ、家族五人が暮らしていけるだけの仕事がある。弟子《でし》が四人も通って、生きているのだから、すばらしい。それだけウチでつくっている「ぬりもの」をあちこちの人が買って、使ってくれていることになる。

この頃の展覧会では、見るからにお金に余裕のあるおばさまおじさまだけではなくって、ばぶばぶの赤ん坊をだっこした若いお母さんや、手をつないだカップルの人たちが、そんなにたくさんは買えないけれど、何かひとつどうしても欲しいと言って、一生懸命に選んでくれる。本当にうれしいこと。

そして、ほとんどのお客さまは誰かにプレゼントするためではなくて、自分の毎日の器として、買って帰る。お洋服やカバンや靴じゃないのに。ちゃんと毎日使うお椀も、値段が高くても、本当に好きなものを買いたいと思っているヒトビトが増えてきているのだ。うーむ。これは当たり前のことのようで、なかなか難しいこと。

そうしてウチの食器棚をのぞいてみる。ときどき雑誌に写真が載っているのでお恥ずかしいけれど、私の自慢はなんてったって、この水屋《みずや》ダンス。この大きさにして、このボロさ。なにをかくそう、七尾《ななお》にある、和ろうそくの老舗《しにせ》「高澤《たかざわ》ろうそく店」さんからいただいたのだ。高澤さんがお店を改築する時に、建築家の高木さん（ウチの設計もしていただいている）が、「蔵《くら》をひとつつぶすので、赤木さんたちが欲しいモノがたくさんあるから、見にいらっしゃい」と誘ってくださったのだ。

長持ち、簞笥《たんす》も、りっぱないいものがいっぱいあった。蔵の床板は燃やしてしまうと言うので、仕事場の床板用にいただいて帰ってきた。

その数日後。高澤さんの奥さんから電話をいただいた。

「うちの押し入れに入っていた、大きな水屋ダンスがあるんだけれど、主人はもう古いから捨てようと言ってるんです。私は智子さんが使ってくださるんじゃないかと思ってお電話しました。見に来ませんかねえ」

「わあ。ありがとうございます。行きます、絶対行きます」

そして、つぎの休みの日。私たちは雪の中、この大きな荷物を必死になって、家まで運んでいた。

私はよく骨董《こっとう》屋さんに置いてある、りっぱな、ケヤキの木目《もくめ》が光ってる水屋ダンスが嫌いなのだ。あんなに偉そうなモノは私には似合わない。いただいた水屋ダンスはボロいけれど、拭き漆《うるし》がおおらかで、いばってない感じがするのだ。下半分は洋服ダンスのような大きな引き出しが六個。上半分は三段の棚がドーンとあって、引き戸が付いている。家の中に入れたら、やたらに大きい。どうしよう。でもどうにか使いたい。あれこれ考えていると、

「ねえ、トコちゃん。台所にちょうど入るよ、これ」

「え。ほんと。スゴイスゴイ」

今までは東京で買った白い食器棚と炊飯器が置いてあったのだけれど、ぴったりそのスペースに水屋ダンスは収まったのでした。じゃーん。

さっさと掃除をして、どんどん器を入れる。入る入る、ズンズン入る。私はうれしくって、引き戸を開けたり閉めたりあけたりしめたり。なんて私は幸せ者なんだろうと、初めからここにあったような顔の水屋ダンスを見て、しみじみ思った。

器の置き場所や引き出しにしまうモノは、それから多少模様替えがあったけれど、ぬりものコーナーは右側の真ん中の段に定住している。もともとの人数が多い上にお客さまが多いので、お椀も茶托《ちゃたく》もお皿も堂々と積み重なっている。

毎日使う。毎日洗う。もったいないからしまっておきましょうということはまるきしない。気に入らない、好きじゃないモノを使う余裕が私にはないのだ。子供にも同じ器を使う。小さい頃から、毎日使うものが大事。小さい子供でも、ちゃんと大事に使うことができるのだ。丈夫なプラスチックのコップは、からだにも心にも良くないかもしれない。

でも、世の中には、普段使う器なんて、興味がないヒトもいるでしょう。ペットボトルのお茶が流行ってからは、急須でお茶をゆっくり淹《い》れることがトンとないお母さんもいるらしい。まあ、私にゃあ関係ないコト。自分勝手に生きていますから。自分たちが気持ちいいものを食べて、幸せな気持ちになる道具を使うだけ。いつものこと、毎日見るモノが大事。好きなお茶を好きな人とゆっくり飲みたいだけ。

あ。それじゃあ、ダメだダメだ。みんなにもぬりものを使ってもらわなくちゃ。ウチの商売はあがったりだ。まずはプラスチックから、ずっと使っていたい大好きな漆のお椀へ。人が生きている間に何度家族とおみそ汁を飲むだろう。ほとんど飲まない人もいるかもしれないけれど、毎日使うモノをいちばん好きなモノにしてみるのはいかがでしょう。うちのダンナがつくるぬりものを大事に、いつも使ってくれる人がこれからもいてくれるとありがたいのです。

そう言えば、この前、友達の小学生の娘が、私のところに来て言った。

「おばちゃん。あのな、赤木さんのうるしのおわんでおみそ汁のんだらね、いままでと味がちがうの、おいしいねん。わたしが洗うかかりになって、まいにち、いちばんに洗ってるよ」

きゃー。なんていいこと言ってくれるんだろ。思わずなでなでしてしまった。そのとおり。ほんとに味がおいしくなるのかわからないけれど、おいしくって、うれしくなってしまうような「ぬりもの」がつくれたらいいよね。

すっとこどっこい

「トコちゃんを見てると、『好事魔多し』って感じがする」

「コウジマオオシ、なーに、それ」

「いいことばっかりの中に危ないことが潜《ひそ》んでるってコトだよ」

「ふーん」

今まで四十年以上生きてきて、私は運の強いほうだと、いつものお気楽な考え方で、思っている。くじ運もいいし。子供にも恵まれちゃったし。

でもちょっと、ダンナの言うとおりかもしれない。


車の免許は輪島に移り住んだら絶対必要だと思って、取った。ダンナはランドクルーザーに乗っていた。私の車を買うお金はないので、親戚《しんせき》から古いワンボックスの軽自動車をもらってきた。

田舎《いなか》道の運転にも慣れてきた頃。ものすごい大雨の日。内屋《うちや》の集落へ続く細い道を走っていると、スクールバスと鉢合わせになった。バスはほとんどバックしてくれないので、仕方なしに、いい気になって、私がバックし始めた。土砂《どしゃ》降りで何も見えないけれど、そんなに狭いところじゃないから大丈夫さ。オーライオーライ。ガックン。音がした。大丈夫、大丈夫。ドッスン。傾いた。あれ。大丈夫じゃないみたい。そう思ったとたん、スローモーションのように車が横倒しに田んぼに落ちていった。

シートベルトは偉かった。私のからだは宙づりになって、無事。とにかくベルトをはずして、そーっとそーっと、下になってしまった助手席側の窓に立った。天井になったドアを両手で持ち上げて、イスによじ登って顔を出す。ざんざん降りの雨の中、スクールバスの子供たちが窓から顔を出して、やんややんやの大喜び。スカートをはいていたので、しっかりパンツに挟み込んでドアから脱出した。落ちたところが田んぼだったし、ゆっくりそろっと落ちたので、車も無傷。スクールバスと、近くのお家のおじさんがフォークリフトを出動してくれて、二ヵ所から引っ張って、ズルズルと田んぼから車は持ち上がった。私もスクールバスの子供たちも手をたたいてよろこんだ。フォークリフトの家のおばさんがずっと私に傘を差し掛けていてくれて、私は雨に濡れることもなく、何事もなかったかのごとく、家に帰ってきた。

結婚のお祝いに友達から大きなクッションをもらった。すごく気に入っていて、もちろん輪島に来てからも愛用していた。天気の良い日には庭で干すのが好きだった。いつも大きなクッション五つを私の車の背中に乗せて、ほかほかにお日様を浴びさせていた。

いつのまにか夕方になってしまった。百《もも》を保育所に迎えに行かなくちゃ。急いで車に乗り込む。私にしてはけっこうなスピードで、内屋道を走る走る。

ぷっぷー。後ろから、でっかいダンプカーがクラクションを鳴らしてる。

なんだか血相《けっそう》を変えて、追いかけてくる。私がのろいからだわ。大変大変。あらんかぎりのテクニックを使って走る走る。

ぷっぷー。またまたクラクション。エーン。こんなに頑張ってるのに。私は必死に逃げる逃げる。

やっとのことで県道の広いところに行くと、ダンプのおじさんが合図をして横に止まった。ひょえー。どなられたらどうしよ。

「ねえちゃん。あんたでっかい座布団みてえなモノ、ぽーんぽん落としながら走っとったぞー。いいのかー」

ガーン。クッションを車の上で干していたことをすっかり忘れていた。あとから考えても、どうして、あんなに大きなモノに気がつかずに車を走らせられたのか、自分でも仰天《ぎょうてん》である。半泣きで、急いで、いま来た道を戻り、てんてんと道の脇や溝に落ちている「座布団みてえなモノ」を拾って歩いた。

よく転ぶ。よく柱に頭をぶつける。よく階段に躓《つまず》く。まあ、こんなコトはみんなもしているから大丈夫。ただ、妊娠中は困る。茅《かや》がおなかにいた時。もう産み産みの九ヵ月ぐらいの時。初めに借りて住んでいた家には、広い玄関から二階に上がる大きい階段があった。なんの用事があったのか憶えていないけれど、二階へ行って、階段を下りようと、二、三段踏み出したところで、滑ってすごい勢いでどどどどーっと下まで落ちた。「ぎゃー」玄関でそのまま倒れ込んだ私はすっかり悲劇のヒロインのように、これから起こることを想像した。……おなかがよじれそうに痛くなって、救急車がピーポーピーポーとやってくる。つぎの場面は病室で、ダンナがウルウル泣いている。私は意識が戻って、「私の赤ちゃんは」とさけぶ。……この辺までじっと想像してみたけれど、誰も来ないし、何も起こらない。

「さーてとっ」私は大きなおなかをさすりながら、立ち上がって、何事もなかったかのように伸びをした。

のんちゃんがおなかにいる時も。その頃はまだ、自宅と仕事場を結ぶ通路が吹きさらしになっていた。通路に二つだけ階段がある。雨が降ると、びちゃびちゃに濡れてしまう時がある。暗くなってから、お茶を持って、仕事場に大きなおなかでよいしょと運んでいった。だんだんを下りたとたん、濡れた階段につるんと滑って、飛び上がり、湯飲みをひっくり返して、脇に置いてある、水の入った大きいタライにお尻からボッチャンとはまった。冷たいのと痛いのと、お尻がはまって立ち上がれないのとで、「あっくーん、助けてー」と子供のように泣いて助けを呼んでしまった。ダンナは笑いをこらえて、仕方なしにダッコして、救い出してくれた。

たまには金沢まで、ひとりで買い物に行ったりする。町中《まちなか》を車で行くのは危険がいっぱいなので、駅に車を置いて、バスに乗る。映画を見たり、買い物をしたり、のんきなもんである。帰りにバスで駅まで戻ってきた。バスの降り口から、バス停の路肩《ろかた》まですこしだけ隙間《すきま》があって、みんなぴょんと足を広げてまたいで降りていく。私も真似をして、ぴょんとまたごうとした。すこしタイトな長いスカートをはいていた私は予定よりまたが開かない。地面まで足が届かないのである。とっさに両手をついて、転ぶのと、スカートを引き裂くのだけはカバーした。でも、バスから、声を上げて、両手と頭から降りてくるおばさんはめずらしいので、みんなうれしそうに見ていたと思う。

「好事魔多し」を辞書で調べたら「よいことには邪魔が入りやすい」と書いてあった。私の口常は「よいことの中に、困ったことやおかしいことがよくある」てな感じだと思うんだけど。そういえば、小さい頃から父親に「すっとこどっこいのトコちゃん」と呼ばれていた。まあ「おっちょこちょい」ぐらいの意味だろうと思っていたけれど。もしかしたら、小さい頃から「すっとこどっこい」な子供で、そのまま「好事魔多し」な女になってしまったのかもしれない。

ただ今、お昼ごはんの基本形は7人。お客さんで8人、9人になるのも当たり前のこと。

雪の国から

東京に降る雪しか知らなかった。でも雪は特別のモノだった。

小さい頃から、ねぼすけだったけれど、「トコちゃん、雪よー。雪が降ったわよー」と言われた朝だけは飛び起きて、白くなった窓をパジャマでゴシゴシして、雪を確かめた。五センチか十センチでも積もったら、大騒ぎで、学校もその日は（確か）授業もなしで全員で雪合戦をしたりして、本当に心から楽しい日だった。でもつぎの日にはぐちゃぐちゃの校庭。またつぎの年まで雪を待つよりほかなかった。

能登に移り住んで初めての冬。一月から雪が降り始めた。

どんどん降ってずんずん積もる。山に降る雪、森に降る雪を見るのは初めてだった。外に出て、上を向く。さっきまでさらさら降りてきた雪が、ふわふわと綿菓子《わたがし》をちぎったように降り始める。きれい。きれい。きれい。

朝、車を出すために必死に雪寄せをしているダンナの横で、

「すごい。すごい」と言いながら雪の写真を撮りまくる。

「赤木さん。そんなに雪が珍しいかねえ。こんな雪をよろこんどるのは赤木さんたちだけやワイね」

近所のおばあちゃんたちに笑われてしまった。近頃は温暖化のせいか、雪も少なくなってしまったけれど、昔は一階が雪で埋まってしまうくらい降ったそう。どうやらみんな雪がキライらしい。

そして。ここ、自分たちの家を建てた土地は、集落からさらに一キロほど奥である。しかも、その一キロほどの道は舗装されていない。ガタガタ道。当たり前のように、毎年降る雪。すっかりクルマ生活に浸《つ》かっている私たちは、雪が積もって、ウチから車が出せなくなるとお手上げだ。予想どおり、ガタガタ道にはなかなか除雪車が来てくれない。ダンナは大きな4WDの車でせっせと行ったり来たりして、道を作る。それでもずんずん雪は積もる。頑張るダンナとランドクルーザー。でも容赦なく雪はがんがん降り続ける。

とうとう車が道の途中で動かなくなってしまった。タイヤが空回《から》りして、前にも後ろにも進まない。雪の山の上に乗っかったカメのよう。仕方がないので、ふたりでスコップで掻《か》き出す。だーれも助けには来てくれない。

まわりは雪野原。よいしょ、こらしょ。だんだん暑くなってきた。帽子を脱いで、よいしょ、こらしょ。まだまだ車は動きません。ジャケットも脱いで、よいしょ、こらしょ。まだまだ車は動きません。だんだん昔話の『大きなかぶ』みたいになってくる。ふとまわりを見回すと、だーれもいない真っ白な世界。さっきから二時間近く、ふたりでせっせと雪を掻き出していることなんか、世界中のだーれも知らない。くたびれて、バッタンと雪の上に倒れてみる。

「ゆきー。ウオー」

さけんだりする。だーれも来ない。あ。また上から、ちらちらと美しい雪が顔に降り始めた。

ブオンブオン。やっとランドクルーザーが前に進んだ。ふたりで車に乗り込んで、

「やっと動いたね。こんなコトしてること、だーれも知らないね」

「なんかおかしいね」

こうして必死で雪と格闘して、ほんの十五キロ離れた輪島の町まで車を走らせると、もうそこには雪なんか積もっちゃいない。長靴履《は》いたおばさんもいない。ウチのまわりだけ「雪の国」なのだった。

時には一メートルも積もる。ひと晩で六十センチも降る日がある。そんな時は朝、子供たちがスクールバスのバス停まで歩いていくのに、私が先頭に立って、長靴で足跡をのっしのっしと付けていく。もちろん、デッカイかまくらを作ったり、めちゃくちゃな雪合戦を繰り広げたり、大声を上げてソリで滑ったりする。毎日ひととおりのことをして遊んでも、まだ雪はなくならない。手と足はすっかりシモヤケになりそうで、長靴は全部びちょびちょで、それでも雪は降っている。

毎年決まって、ウチの「雪の国」事情がわかっていない宅配便のお兄さんが車を雪道にはめて、立ち往生《おうじょう》する。雪は人間のコトなど知らんぷりで、どんどん降って、ちっとも動かない。

でも、おかげで私は大好きな雪が降っているのを一日中見ていられる。口を開けたま
ま、よだれが垂れそうになるくらい、見ている。ウチのテラスに向かった大きな窓から
見ていると、映画のようだなあといつも思う。大きな粒で細かい粒で、さらさらやふわ
ふわや、パラパラとちらちらと。どれだけ見ていても飽きないのであった。
なんで人間の私は、この上から降ってくる、(雨が冷えて白い雪になったというだけ
の)これをこんなに美しいと思うのでしょうか。誰か教えてくれませんか。

あとがき

赤木明登

空から、ハラハラと舞い落ちる雪を見つめながら、智子はたずねます。

「ねえ、雪って、どうして白いんだろ？」

満月の夜に、テラスに一人立ち上がって、天空を見つめています。

「なぜお月さまが、話しかけてくるようなの？」

家の近くの、大きな楓の木が紅葉して、落ち葉を子どもたちが集めてきます。

「人は、どうしてこの葉っぱたちを美しいと思うのかな？」

僕は、その答えをすべて知っています。

人のこころは、鏡のように雪も、月も、葉っぱもそのまま映し出すことができます。

人がなにかを美しいと思うのは、人のこころが美しいからです。

智子は、心根の美しい人です。二十年近く連れ添って、僕はこころからそう思っています。

僕が、もの作りとしてやっていけるのも、子どもたちが毎日楽しくやっているのも、
ここにあなたがいるからです。

ありがとう。

赤木智子（あかぎともこ）

1962年、東京生まれ。東京学芸大学在学中にインドを旅し、この時考えたことが今の生き方のもとになる。大学卒業後、新宿の「ギャラリー玄海」に勤務。現代陶芸作家を中心に個展を多数企画。87年、雑誌編集者の赤木明登氏と結婚。その2年後、明登氏が漆職人の修業を始めるため、輪島へ移住する。自身も職人仕事の「研ぎもの」の技術を1年間学校に通って本格的に習う。94年、明登氏が独立。現在の地に家と工房を建てる。1男2女の母。

05年は東京・板橋のギャラリー「fudoki」にて『赤木智子の生活道具店』を企画プロデュース。好評につき、全国のギャラリーにて道具展を開催中。

ぬりものとゴハン

2006年4月12日　第1刷発行
2011年6月30日　第3刷発行

著者　赤《あか》木《ぎ》智《とも》子《こ》

ブックデザイン　矢部綾子（kidd）
写真　青砥茂樹(講談社写真部)
企画・編集　加藤ひとみ

発行者　鈴木 哲
発行所　株式会社 講談社
〒112-8001　東京都文京区音羽2-12-21
電話　編集部03-5395-3527
　　　販売部03-5395-3622
　　　業務部03-5395-3615
印刷所　日本写真印刷株式会社
製本所　大口製本印刷株式会社

ISBN4-06-213399-7